기독교문서선교회 (Christian Literature Center: 약칭 CLC)는 1941년 영국 콜체스터에서 켄 아담스에 의해 시작되었으며 국제 본부는 미국 필라델피아에 있습니다. 국제 CLC는 59개 나라에서 180개의 본부를 두고, 약 650여 명의 선교사들이 이동도서차량 40대를 이용하여 문서 보급에 힘쓰고 있으며 이메일 주문을 통해 130여 국으로 책을 공급하고 있습니다. 한국 CLC는 청교도적 복음주의 신학과 신앙서적을 출판하는 문서선교기관으로서, 한 영혼이라도 구원되길 소망하면서 주님이 오시는 그날까지 최선을 다할 것입니다.

추천사

김관성 목사
행신침례교회 담임목사

"예수를 믿으십시오."
"기독교 신앙을 가지십시오."

이렇게 전도하는 사람들은 많은데, 정작 그 사람들이 제시하는 복음의 내용을 들어보면, 성경에서 말하는 복음에서 거리가 먼 이야기들이 얼마나 많은지 모릅니다.

저자는 '창조 이야기', '구속사', '복음의 핵심'을 정확하게 이해하여 성경이 말하는 복음이 무엇인지, 이 복음이 왜 능력이 되는지를 정갈하고 산뜻한 문체로 설명합니다. 군더더기가 전혀 없는 저자의 복음 전도와 열정적인 설명에 귀를 기울여 보십시오. 파편화 되어 있고, 산발적으로 흩어져 있던 성경의 내용들이 복음을 중심으로 꿰어지는 경험을 하게 될 것입니다. 무엇보다 자신의 언어로 복음을 전하고 설명하는 일에 큰 자신감을 가지게 되리라 확신합니다.

김병국 박사
백석대학교 신학대학원 신약학 교수

하나님께서 전도자를 통해 복음을 전하실 때 그 대상에 따라 다양한 방법을 사용하십니다. 갑자기 한순간에 깨달음이 와서 복음을 받아들이는 분도 있고, 격한 감정적 경험을 통해서 삶이 새로워지는 분도 계십니다.

그런데 어떤 사람들은 그런 방법을 통해서는 좀처럼 복음을 받아들이지 못합니다. 대개 지적인 분들입니다. 그들이 기독교를 받아들이기 위해서는 자신이 가진 근본적인 질문들에 대한 논리적인 해답이 주어져야 합니다. 이 책은 그런 분들을 위해 쓰인 것 같습니다.

우리가 기독교인이 된다는 것은 성경이 제시하는 세계관을 그대로 받아들이고, 그 세계관이 제시하는 인생관에 따라 남은 인생을 살기로 결심하고, 그 모든 것을 주관하고 계신 하나님을 인정하고 그분과 교제하며 나머지 인생을 살기로 결단하는 것입니다.

이 책은 기독교의 기본 진리들을 자세하게 또 다양하게 소개하고 있습니다. 기독교에 관심이 있고 기독교의 핵심을 빠른 시간 안에 파악하고 싶으신 분, 그래서 하나님께 남은 인생을 맡기고 싶은 분에게는 이 책이 아주 좋은 안내자가 되리라고 생각합니다.

김영봉 목사
와싱톤사귐의교회 담임목사

기독교 복음을 체험하고 사랑하는 사람들은 누구나 자신을 구원한 복음을 다른 사람에게 전하고 싶어 합니다. 하지만 복음을 제대로 설명하는 것은 쉬운 일이 아닙니다.

때로는 "하나님은 당신을 사랑하십니다"라는 한마디로 충분하고, 또 때로는 여러 권의 두꺼운 책을 써도 부족합니다. 복음의 핵심 용어 하나하나도 특별한 설명이 필요합니다. 따라서 복음의 핵심 내용들을, 꼭 필요한 분량의 글로, 정확하지만, 쉬운 언어로 정리하는 것은 대단한 내공이 필요한 일입니다.

이 책에서 저자는 그 어려운 일을 잘 해냈습니다. 복음이 무엇인지, 왜 복음인지, 복음을 믿으면 어떻게 되는지에 대해 저자는 잘 설명하고 있습니다. 저자 자신의 체험과 공부가 잘 녹아든 글이기에 이 책이 복음의 도구로 유익하게 쓰여질 것으로 믿습니다.

김운성 목사
영락교회 담임목사

모처럼 신선한 기쁨을 느꼈습니다. 늘 전문 학자나 목회자의 글만 접하다가 평신도이신 저자의 글을 읽게 되었기 때문입니다.

베드로전서 3장 15절에 이런 말씀이 있습니다.

> 너희 마음에 그리스도를 주로 삼아 거룩하게 하고 너희 속에 있는 소망에 관한 이유를 묻는 자에게는 대답할 것을 항상 준비하되 온유와 두려움으로 하고(벧전 3:15).

소망의 이유를 묻는 자에게 대답할 것을 항상 준비하라고 하셨습니다. 저자는 이 시대를 향해 본인이 믿는 복음의 원리를 대답할 준비가 잘 되어 있는 분이라 여겨졌습니다.

기독교 신앙을 설명하는 데 필요한 주제들이 대부분 망라되어 있었는데, 이를 통해 저자가 매우 균형감 있는 신앙을 가졌음을 보여 주고 있습니다. 이 글은 마치 소박한 『기독교 강요』와 같다는 생각이 들었습니다. 종교개혁자 칼빈도 개혁 신앙에 대한 핍박이 심하던 당시에 프랑스의 통치자이던 프란시스 1세에게 종교개혁 신앙을 변증하는 마음으로 쓴 헌사와 함께 『기독교 강요』를 저술했습니다. 저자의 이 책 역시 소박한 『기독교 강요』라고 여겨집니다.

한국 교회 성도들이 누구나 훌륭한 신앙의 고백과 틀을 가지고 있었으면 합니다. 이 글은 그 내용도 훌륭하지만, 이 땅의 모든 성도에게 귀한 자극과 도전이 될 것입니다. 각자의 신앙을 돌아보고, 고백하고, 증거하게 할 것이라 여겨져 적극 추천합니다.

김학중 목사
꿈의교회 담임목사, CBS 재단이사장

별다른 기대 없이 책을 폈습니다. 그런데 나도 모르게 단숨에 책을 다 읽었습니다. 그리고 마지막 장을 다 읽은 뒤에는 이 책을 향해서 박수를 보내고 말았습니다.

왜 그랬을까요?

이 책은 필자가 좋아하는 모든 요소를 갖고 있기 때문입니다.

첫째, 이 책은 쉽게 되어 있습니다. 표현과 논리가 쉬워서 기본적인 교육을 받은 사람이면, 누구나 이 책을 편안하게 이해할 수 있을 것입니다.

둘째, 이 책은 복음을 이해하는 데 필요한 성경의 이야기를 포괄적으로 담았습니다. 창조부터 이스라엘 역사를 지나 종말까지, 삼위일체 하나님부터 인간에 대한 이해까지 모두 담아 신학을 처음 시작하는 학생이나 사역을 처음 시작하는 목회자에게도 도움이 될 것입니다.

물론 이렇게 멋진 결실이 하루 아침에 나온 것은 아닙니다. 농부가 열매를 거두기 위해 수많은 땀을 흘리듯이, 저자도 부단히 공부하고 전도하며 수많은 땀을 흘렸을 것입니다. 그 노력이 얼마나 힘든지 알기에, 이렇게 멋진 결실을 내놓은 저자에게 박수를 보냅니다.

필자는 이 책이 많은 분에게 전해지기를 바랍니다. 신앙의 본질을 알고 싶은 분, 누군가에게 복음을 전하고 싶은 모두에게, 이 책은 멋진 길잡이가 되어 줄 것입니다. 이 땅의 성도들이 하나님과 한 걸음 더 가까워지는 일에 이 책이 멋지게 쓰임 받기를 기대합니다.

문 형 규 목사
높은뜻위례교회 담임목사

저자는 우리 교회의 신실한 성도입니다. 예배 중에 찬송하다가도 종종 일어서서 두 손을 들고 뜨거운 가슴으로 찬양합니다. 청년 때는 성경 말씀이 너무 좋아서 퇴근하면 바로 집에 가서 성경만 보는데 어떤 때는 신약성경을 이틀 만에 탐독하기도 했습니다. 때로는 먹거리를 사 들고 길거리에서 혼자 전도하는 등 복음에 붙잡혀 있는 성도입니다.

복음은 이 책의 제목처럼 기독교의 심장입니다. 누구든지 복음을 만나게 되면 그리스도의 심장이 뛰게 됩니다. 저자처럼 하나님을 알게 되며 예수님께 붙잡혀서 사명의 삶을 살게 됩니다.

이 책을 읽다 보면 복음이 한눈에 쉽게 들어오며, 멈춰 있던 심장이 다시 뛰기 시작하면서 어떤 삶을 살아야 할지 길이 보입니다. 복음이 이렇게 깊으면서 쉽고 수려하게 기록된 책이 있다는 것은 이 시대의 복입니다. 바라기는 그리스도의 심장이 이 책을 통해 모든 기독교인에게 이식되었으면 합니다.

박 영 돈 박사
작은목자들교회 담임목사,
고려신학대학원 교의학 명예교수

복음에 대해 목회자나 신학자가 쓴 책은 많지만 교인이 저술한 책은 처음 접하였습니다. 복음에 대한 한 신앙인의 확신과 열정으로 빚어진 산물이라는 점에서 특별한 작품입니다.

신학을 전문적으로 공부한 이 못지않게 성경을 관통하는 언약과 구속사의 맥락에서 복음의 핵심을 잘 간파하여 깔끔하게 정리해 줍니다. 성경적으로 충실하며 신학적으로도 건전합니다.

모든 교인이 복음을 이해하는 수준이 이 정도면 참 좋겠다는 생각이 들 정도로 복음 진술의 모범을 보여 줍니다. 많은 교인이 읽고 도움과 도전을 받았으면 좋겠습니다.

박찬호 박사
백석대학교 신학대학원 조직신학 교수,
복음주의조직신학회 회장

저자로부터 추천사를 써 달라는 메일을 받았을 때 귀찮은 마음에 무시하려고 하였습니다. 하지만 내용을 보고 생각을 바꾸게 되어 바로 메일을 보내 조금 말미를 달라고 요청했습니다. 학기 초였고 경황이 없는 상황이었는데 추천사를 쓰겠다는 생각을 하게 된 이유는 두 가지였습니다.

첫째, 복음을 이야기할 때 무시되곤 하는 창조 이야기를 책의 앞머리에서 발견하였기 때문입니다.

둘째, 꼼꼼하게 달려 있는 각주에 소개되어 있는 책의 저자들이 제가 평소에 신뢰하고 좋아하는 그리스도인들이었기 때문입니다. 그렇다면 이 책은 믿을 만하겠다는 생각이 제 마음에 들었고 바쁜 시간을 내 추천사를 쓰게 되었습니다.

이 책은 길지 않은 내용으로 우리가 믿는 복음의 내용을 수려하게 물 흐르듯 소개하고, 전체적인 내용의 구성도 우리 신앙의 핵심적인 내용들을 잘 담고 있습니다.

책의 제목과 같이 기독교의 심장이라고 할 수 있는 복음에 대한 진지한 관심이 있는 분들에게 일독을 권합니다.

이재훈 목사
온누리교회 담임목사

　이 책은 성경이 가르치는 교훈의 중요한 요소들을 하나하나 이해하기 쉽게 풀어 줍니다. 저자의 이야기에 귀를 기울이며 따라가다 보면 복잡하고 어려운 개념들이 어느덧 하나씩 손에 잡히기 시작합니다. 저자의 깊이 있는 통찰을 바탕으로 여러 주제를 다각적으로 살필 수 있도록 도와주며, 다양한 자료를 인용하여 내용을 검증해 줍니다. 복음과 성경을 깊이 이해하며 개념적으로 정리해 보기 원하는 분, 그리고 다른 이들에게 설명해 주며 전하고 싶은 분에게 특히 이 책을 추천합니다.

　압축적이며 정제된 문장들을 읽어 내려가다 보면 복음과 하나님을 향한 저자의 열정을 느낄 수 있습니다. 아무쪼록 이 책이 복음을 전하기 어려운 시대 속에서 하나님의 나라를 확장하는 귀한 재료로 쓰이게 되기를 소망합니다.

이승구 박사
합동신학대학원대학교 조직신학 교수

저자의 귀한 복음 제시가 여기 한 권의 책으로 탄생했습니다.

저자는 성경에 근거하고, 이 시대의 중요한 복음전도자인 마틴 로이드 존스, 제임스 패커, D. A. 카슨, R. C. 스프롤, 존 파이퍼, 팀 켈러 등의 생각에 비추어 복음을 제시합니다. 심지어 조나단 에드워즈, 루이스 벌코프, 그래함 골즈워디도 잘 참고하였습니다. 이런 분들의 사상에 근거해서 복음 이해를 정리하고 늘 성경에 근거해서 고쳐 나가는 일은 저자와 우리 모두가 해 나가야 합니다. 이분들이 개혁파적 이해를 지향한다는 것을 잘 의식하면서 이 땅에 참으로 철저한 개혁파적 복음 이해가 더 깊이 있게 제시되기를 바랍니다.

진정한 그리스도인은 주어진 삶의 여건 속에서 성실한 그리스도인으로 삼위일체 하나님과 함께 사는 삶을 드러내 보일 뿐만 아니라, 성경적 복음을 제시하여 많은 사람이 예수님께서 이 땅에 가져다 주셨고 예수님의 재림 때에 극치에 이를 하나님 나라에 속하여 살도록 하는 일에 힘써야 합니다.

그런데 오늘날 가장 잘 이루어지지 않는 것이 직장에 복음을 전하는 일입니다. 저자는 직장 생활을 하면서 끊임없이 복음을 전하려고 하였습니다. 이런 일을 본받아 다른 분들도 직장 생활을 성실히 하면서 복음 전하는 일에 힘써 주셨으면 합니다.

부디 이제까지의 사역의 한 열매인 이 책이 의미 있게 사용되어 이 땅에 참된 교회의 교우들이 더 많아지기를 바라면서 이 추천의 글을 마칩니다.

임용덕 목사
화도감리교회 담임목사

기독교 서적 중에는 복음에 대한 저술이 많습니다. 그만큼 기독교 진리의 진수는 복음 안에 담겨져 있기 때문입니다. 복음은 한두 마디의 개념화된 문장으로 표현할 수도 있겠지만 그 영적 깊음과 넓이는 사뭇 방대하여 복음에 대한 저술이나 설명에는 늘 케리그마 형식을 통해서 하나님과 인간과 세계를 구속사로 풀어내는 방법이 일반적입니다.

성경을 통한 정확한 개념을 정의하는 작업도 중요하지만 이미 우리 시대에 만연한 복음의 저술들은 그러한 개념화의 과정을 통해서 어쩔 수 없는 추상성과 함께 복음에 대한 모든 소개가 엇비슷한 내용으로 저술될 수밖에 없는 한계가 있음은 분명합니다.

기독교의 심장으로 복음을 제시한 이 책에서는 개념으로 끝나지 않는 뜨거움이 느껴집니다. 저자는 복음을 설명하는 것이 아니라 복음을 통과해낸 가슴을 드러내고 있습니다. 복음이 심장이 되기까지 힘겨운 몸부림의 과정을 겪어 냈던 자신의 고백을 가슴 안에 감추고 들키지 않는 간증의 노래를 객관화시키는 아름다운 열심이 느껴집니다.

복음을 가슴으로 읽어 볼 수 있는 기대가 생깁니다.

The Glory Of The Gospel
Written by Jongwon Lee
All rights reserved.
Korean Edition Copyright ⓒ 2021 by Christian Literature Center, Seoul, Korea

기독교의 심장
복음

2021년 12월 31일 초판 발행

지 은 이 | 이종원

편　　집 | 김효동
디 자 인 | 이지언, 전지혜
펴 낸 곳 | (사)기독교문서선교회
등　　록 | 제16-25호(1980.1.18.)
주　　소 | 서울특별시 서초구 방배로 68
전　　화 | 02-586-8761-3(본사) 031-942-8761(영업부)
팩　　스 | 02-523-0131(본사) 031-942-8763(영업부)
이 메 일 | clckor@gmail.com
홈페이지 | www.clcbook.com
송금계좌 | 기업은행 073-000308-04-020 (사)기독교문서선교회
일련번호 | 2021-129

ISBN 978-89-341-2353-8(03230)

신저작권법에 의하여 한국 내에서 보호받는 저작물이므로 무단 전재와 무단 복제를 금합니다.

기독교의 심장
복음

기독교의 심장
복음

이종원 지음

CLC

목차

추천사   1

김관성 목사 | 행신침례교회 담임목사
김병국 박사 | 백석대학교 신학대학원 신약학 교수
김영봉 목사 | 와싱톤 사귐의교회 담임목사
김운성 목사 | 영락교회 담임목사
김학중 목사 | 꿈의교회 담임목사, CBS 재단이사장
문형규 목사 | 높은뜻위례교회 담임목사
박영돈 박사 | 작은목자들교회 담임목사, 고려신학대학원 교의학 명예교수
박찬호 박사 | 백석대학교 신학대학원 조직신학 교수, 복음주의조직신학회 회장
이승구 박사 | 합동신학대학원대학교 조직신학 교수
이재훈 목사 | 온누리교회 담임목사
임용덕 목사 | 화도감리교회 담임목사

시작하며   18

제1장   복음 서론 ——————————————22
   1. 복음을 아는 것   22
   2. 복음과 성경   25
   3. 대화와 기도   27

제2장   창조 ————————————————31
   1. 하나님   32
   2. 세계   35
   3. 인간   37

제3장　하나님은 어떤 분이신가 ——————— 43
1. 자존하시는 하나님　44
2. 삼위일체 하나님　47
3. 거룩하신 하나님　50

제4장　하나님은 세계를 왜 창조하셨는가 ——————— 54
1. 하나님의 천지 창조 목적　55
2. 하나님이 그분의 영광을 가장 중요하게 여기신다는 진리에 대하여　59

제5장　인간의 목적은 무엇인가 ——————— 64
1. 하나님의 영광을 나타내는 존재　64
2. 찬송하는 존재　68
3. 다스리는 존재　71
4. 하나님의 영광과 인간의 기쁨　75

제6장　타락 ——————— 77
1. 사탄의 유혹　78
2. 죄의 본질　80
3. 죄의 결과　84

제7장　하나님의 진노와 구속 ——————— 89
1. 하나님의 진노　89
2. 구속　95

제8장 이스라엘 ——————————————98
1. 언약이란 무엇인가   98
2. 노아 언약   100
3. 아브라함 언약   103
4. 출애굽 사건과 시내산 언약   106
5. 언약과 순종   110
6. 다윗 언약   114
7. 새 언약   117

제9장 예수 그리스도 ——————————————120
1. 성육신   121
2. 그리스도는 어떤 분이신가   123
3. 십자가와 구원   127
4. 십자가, 언약, 하나님 나라   132
5. 십자가와 하나님의 영광   135
6. 부활   138
7. 승천   144

제10장 복음 ——————————————147
1. 칭의   148
2. 화해   155

제11장 구원 ——————————————158
1. 회개   158
2. 믿음   160
3. 복음과 구원   168

제12장 성령 —————————————————— 174
1. 성령은 어떤 분이신가 　　　　　　　　　　　　　174
2. 성령의 사역(1) 　　　　　　　　　　　　　　　　176
3. 성령의 사역(2) 　　　　　　　　　　　　　　　　179

제13장 교회 —————————————————— 187
1. 교회란 무엇인가 　　　　　　　　　　　　　　　187
2. 하나님의 주권과 인간의 책임 　　　　　　　　　192
3. 교회, 구원, 하나님 나라 　　　　　　　　　　　197
4. 교회와 하나님의 영광 　　　　　　　　　　　　199

제14장 재림, 심판, 완성 ——————————————— 204
1. 재림과 심판 　　　　　　　　　　　　　　　　　204
2. 지옥은 꼭 필요한 것인가 　　　　　　　　　　　207
3. 완성 　　　　　　　　　　　　　　　　　　　　211

제15장 복음은 왜 그토록 좋은 소식인가 ———————— 214

끝맺으며 　　　　　　　　　　　　　　　　　　　　218
참고 문헌 　　　　　　　　　　　　　　　　　　　　224

시작하며

갑작스러운 사고나 질병으로 병원에 누워있을 때, 가까운 사람의 죽음으로 장례식장에 다녀올 때, 우리는 비로소 이런 질문을 하게 됩니다.

우리는 어디서 와서 어디로 가는가?
인생의 고통스러운 일들은 어떤 의미가 있는가?
삶은 결국 무엇을 위한 것인가?

고통스러운 사건으로 일상에 균열이 생기면 마음속 깊은 곳에 묻어두었던 질문들이 일어납니다. 그리고 우리는 답을 찾기 위해 철학이나 종교 서적을 찾아보기도 합니다.

하지만 곧 이 일이 생각처럼 쉽지 않다는 것을 깨닫게 되고, 거대한 파도처럼 밀려오는 일상 속에서 질문들은 다시 영혼의 심연 아래로 가라앉습니다.

우리는 답을 알기 위해 하나님을 찾지 않지만, 하나님은 언제나 진리를 말씀하십니다. 그분께서는 진리를 성경으로 나타내셨고, 지금도 수많은 전도자의 입을 통해 성경의 진리를 말씀하십니다.

그렇다면 하나님이 말씀하시는 진리는 무엇일까요?

하나님의 말씀인 성경은 무엇을 말하고자 하는 것일까요?

그것이 '복음'입니다. 성경의 모든 말씀이 복음은 아니지만, 모든 말씀의 중심에 있는 진리가 있으니 그것이 복음입니다.

> 성경 자체는 복음이 아니지만, 모든 성경은 복음과 관련이 있고 복음은 성경의 존재 이유다. 복음은 성경의 주요 메시지일 뿐만 아니라 통일된 메시지이기도 하다.[1]

복음을 모른다면 당장 파편적인 질문들에 대한 답을 알게 된다고 해도 이것이 와 닿지 않을 것입니다. 모든 진리는 복음과 연결되어 있습니다. 그러므로 무엇보다도 복음을 알아야 합니다.

그렇다면 이 복음은 무엇일까요?

---

[1] D. A. 카슨, 팀 켈러 편집, 『복음이 핵심이다』 (*The Gospel as Center*), 최요한 역 (서울: 아가페, 2014), 27.

복음은 도덕적인 권면이나 삶에 도움이 될 만한 충고 같은 것이 아닙니다. 철학 같은 것도 아닙니다. 종교적인 생활 방식 같은 것도 아닙니다. 복음은 한 존재에 대한 것입니다.

> 이 복음은 … 곧 우리 주 예수 그리스도시니라(롬 1:2, 4).

> 기독교란 근본적으로 주 예수 그리스도라는 분에 대한 것이다. 우리는 이 사실에서 출발하고 이 사실을 강조한다. 왜냐하면, 기독교는 일차적으로 교훈도 아니고 철학도 아니며 생활 방식도 아니기 때문이다.[2]

성경은 이 존재를 큰 기쁨의 좋은 소식으로 제시합니다. 말 그대로 복음(good news)인 것입니다. 기독교는 고루한 사상이나 지겹도록 반복해야 할 규율 같은 것이 아닙니다. 기독교는 놀랍도록 기쁘고 좋은 소식으로부터 자라난 오랜 신앙입니다.

---

[2] 마틴 로이드 존스, 『복음의 핵심』(*The heart of the gospel*), 이중수 역 (서울: 목회자료사, 1992), 12.

내가 온 백성에게 미칠 큰 기쁨의 좋은 소식을 너희에게 전하노라 … 너희를 위하여 구주가 나셨으니 그리스도 주시니라 (눅 2:10-11).

이 책은 성경과 기독교의 심장인 복음에 대한 것입니다. 그리고 이 복음이 왜 그토록 기쁘고 좋은 소식인지에 대한 것입니다. 안개 같은 인생이 끝나기 전에 복음을 듣고 알아야 합니다. 복음을 아는 일보다 가치 있는 일은 없습니다.

제1장

복음 서론

복음에 대해 본격적으로 살펴보기 전에 복음을 안다는 것이 무엇을 의미하는지, 복음을 어떻게 알 것인지, 복음을 아는 데 있어 주로 간과되는 것은 무엇인지에 대해 먼저 나눠 보겠습니다.

1. 복음을 아는 것

'시작하며'에서 강조한 바와 같이 복음은 한 존재, 예수 그리스도에 대한 것입니다(롬 1:2, 4). 그러므로 복음은 일차적으로 그리스도와 그분께서 하신 일에 대한 사실이라고 말할 수 있습니다. 그런데 이 사실에는 영광스럽고 풍성한 의미가 담겨 있습니다. 그러므로 이러한 의미를 모르고 그리스도에 대한 사실만 아는 것은 복음을 아는 것이라고 말할 수 없습니다.

이것은 당연한 말처럼 보이지만 복음을 주문처럼 여기는

분들도 있습니다. 복음은 이해되지 않는 주문 같은 것이 아닙니다. 복음이 하나님의 능력으로서(롬 1:6), 우리 안에서 역사하기 위해서는 먼저 이것이 이해되어야 합니다.

이후의 장들에서 복음에 담긴 풍성한 의미를 살펴보겠지만, 궁극적으로 하나님은 복음을 통해 하나님 자신을 나타내십니다(고후 4:4; 딤전 1:11). 그러므로 복음을 아는 것은 하나님과 그분의 영광을 아는 것이라고 말할 수 있습니다.

> 복음은 하나님과 그분의 영광에 대한 것이다. 이것이 복음의 출발점이자 종착점이다.[1]

이것에 대해 좀 더 자세히 살펴보겠습니다. 빌리 그레함은 '성경의 가장 위대한 진리는 하나님이 원하시기에 우리가 인격적으로 하나님을 알 수 있다는 것'[2]이라고 말합니다. 하나님은 우리가 그분을 알 수 있도록 친히 자신을 나타내시는 것입니다.

그렇다면 하나님은 자신을 어떻게 나타내실까요?

하나님은 창조 세계를 통해(롬 1:20) 그리고 선지자들을

---

[1] 폴 워셔, 『복음』(*The Gospel's power and message*), 조계광 역 (서울: 생명의말씀사, 2013). 존 맥아더의 추천사 내용.
[2] 제임스 패커, 『하나님을 아는 지식』(*Knowing God*), 정옥배 역 (서울: IVP, 1996). 빌리 그레함의 추천사 내용.

통해 자신을 나타내셨지만 궁극적으로는 그분의 '아들'이신 그리스도를 통해 자신을 나타내셨습니다.

> 옛적에 선지자들을 통하여 여러 부분과 여러 모양으로 우리 조상들에게 말씀하신 하나님이 이 모든 날 마지막에는 아들을 통하여 우리에게 말씀하셨으니 (히 1:1-2).

> 본래 하나님을 본 사람이 없으되 아버지 품 속에 있는 독생하신 하나님이 나타내셨느니라 (요 1:18).

하나님은 그리스도를 통해 그분의 영광을 완벽하게 나타내시는 것입니다. 그러므로 우리는 그리스도를 통해 하나님의 영광을 가장 잘 볼 수 있습니다.

> 나를 본 자는 아버지를 보았거늘 (요 14:9).

정리하면 복음은 그리스도에 대한 것이고, 그리스도는 하나님의 완벽한 자기 계시입니다. 따라서 복음은 그리스도를 통해 계시된 하나님과 그분의 영광에 대한 것이라고 말할 수 있습니다. 그러므로 복음을 아는 것은 단지 그리스도에 대한 사실 자체만이 아니라, 복음 안에 있는 풍성한 의미를 깨닫고, 그리스도를 통해 계시된 하나님과 그분의 영광을 아는 것입니다.

2. 복음과 성경

그렇다면 복음을 어떻게 알 수 있을까요?

우리는 그리스도를 그분의 제자들처럼 가까이에서 뵙거나, 그분의 말씀을 직접 들을 수는 없습니다. 하지만 이제 성경이 주어졌으므로 성경을 통해 그리스도를 만나고 그분의 말씀을 들을 수 있습니다. 우리는 성경을 통해 복음을 알고 하나님의 영광을 알 수 있습니다.

다른 말로 하면 우리는 하나님을 그분의 말씀을 통해 경험하는 것입니다. 그러므로 하나님의 말씀과는 친하지 않은데 하나님과는 친하다고 말할 수 없습니다. 하나님의 말씀과 멀어지는 것은 곧 하나님과 멀어지는 것입니다.

> 여기서 자기 기만이 벌어질 가능성이 높다. 내가 상대하는 것은 하나님의 말씀일 뿐이지 하나님이 아니라는 기만이다 … 하나님의 말씀은 데릭 키드너가 말한대로 "계시된 하나님이다." 예수님은 "사람이 나를 사랑하면 내 말을 지키리니"(요 14:23)라고 하셨다. 그리스도와 그분의 말씀은 그렇게 긴밀한 관계에 있다. 하나님의 말씀에 대한 관심을 잃는 것은 하나님 그분에 대한 관심을 잃는 것이다.[3]

---

3   존 파이퍼, 『초자연적 성경 읽기』 (*Reading the Bible Supernaturally*),

이제 복음을 아는 구체적인 방법에 대해 나눠 보겠습니다. 먼저 성경 전체의 흐름을 파악해야 합니다. 읽기 어렵다고 구약성경을 그냥 넘어간다면 복음을 제대로 이해할 수 없습니다. 왜냐하면, 복음은 구약성경에 나타난 구원 역사와 상관 없이 갑자기 주어진 것이 아니기 때문입니다. 그리스도께서는 때가 차서 이 땅에 오셨고(갈 4:4), 때가 차서 십자가에 못 박히셨습니다(눅 21:24).

성경은 '창조', '타락', '구원'의 이야기로 살펴볼 수 있는데, 이 책에서는 좀더 세분화하여 '창조', '타락', '이스라엘', '예수 그리스도', '성령', '교회', '재림, 심판, 완성'으로 살펴볼 것입니다.

하지만 성경을 큰 흐름으로만 파악하면 복음을 깊이 이해하지 못합니다. 복음을 이해하려면 '하나님은 어떤 분이신지', '하나님이 세상을 왜 창조하셨는지', '죄의 본질은 무엇인지', '그리스도께서 죄의 문제를 어떻게 해결하셨는지' 같은 주제들에 대해 심도있게 파고 들어야 합니다.

이 책에서는 성경의 큰 흐름을 이해하는 가운데 성경의 핵심 주제들에 대해서도 깊이 살펴볼 것입니다.

홍종락 역 (서울: 두란노서원, 2017), 368-369.

3. 대화와 기도

이제 복음을 이해하는 데에 있어서 주로 간과되는 것, 두 가지에 대해 나눠 보겠습니다.

첫째, '대화'입니다.
성경을 수 차례 보신 분들은 자기만의 관점이 있을 수 있습니다. 자기만의 관점으로 성경을 보는 것도 필요합니다. 하지만 역사상 하나님과 친밀했던 성도들과 대화하는 것은 더욱 중요합니다. 왜냐하면, 교회는 성령 안에서 서로 깊이 의존하고 있기 때문입니다. 한 성도의 이해가 다른 성도의 이해를 개선 시키는 일들이 수시로 일어납니다.

> 우리는 고립된 채로 하나님의 말씀을 해석해서는 안 된다. 다시 말해, 그리스도의 몸 안에는 하나님이 정하신 심오한 상호의존성이 존재한다. 한 사람이 의미를 제대로 파악하지 못하는 대목을 다른 사람은 또렷하게 이해하기도 한다.[4]

---

[4] 존 파이퍼, 『초자연적 성경 읽기』, 416.

우리는 성령 안에서 성경을 읽을 뿐만 아니라, 성령 안에서 하나님과 친밀했던 성경 교사들과 그분들의 저작을 통해 대화해야 합니다. 그렇게 할 때 우리 안의 고질적인 독선과 아집을 무너뜨리고, 복음에 담긴 하나님의 경륜을 깊이 이해할 수 있습니다.

둘째, '기도'입니다.

성경은 하나님의 말씀이기 때문에 하나님의 도우심이 결정적입니다. 지적 능력과 열심 있는 태도는 공부할 때 중요한 요소이지만 성경은 그것만으로 열리지 않습니다. 성령께서 성경의 진리를 조명해 주셔야만 복음 안에서 하나님의 영광을 볼 수 있습니다. 그러므로 복음을 이해하기 위해서 기도는 필수적입니다.

> 그러나 진리의 성령이 오시면 그가 너희를 모든 진리 가운데로 인도하시리니 … 그가 내 영광을 나타내리니(요 16:13-14).

성경이 하나님의 말씀인가?
그렇다면 성경을 읽을 때 반드시 성령의 도움과 가르침을 구하며 열렬히 기도해야 한다. 여기에 많은 사람이 파선을 경험하는 암초가 있다. 그들은 성령의 지혜와 가르침을 구하지 않기에 성경을 봐도 깜깜할 뿐이고 그 안에서 어떤 것도 얻지 못한다. 성령께서 모든 진리 가운데로 인도해 주시도록 기도해야 한다. 주 예수 그리스도께서 제자들의 총명을 열어 주셨던 것처럼 총명을 열어 달라고 간청 해야 한다.

사람들을 감동하여 성경을 쓰게 하신 주 하나님이 그 책의 열쇠를 쥐고 계시고, 그분만이 그것을 유익하게 이해할 힘을 주실 수 있다. 시편의 어느 시에서 다윗은 아홉 번이나 "나를 가르치소서"라고 부르짖는다. 같은 시에서 그는 다섯 번이나 "나로 깨닫게 하여 주소서"라고 말한다.

존 오웬이 잘 말했다.

"하나님의 말씀에는 신성한 빛이 있다. 그러나 인간들의 눈은 덮개와 수건으로 가려져 있어서 그 빛을 똑바로 볼 수가 없다. 그런데 이 수건을 벗기는 것은 성령의 특별한 사역이다."[5]

성령께서는 최고의 복음전도자이십니다(요 15:26; 16:14; 고전 2:4). 그러므로 복음을 전하는 자나, 복음을 알고자 하는 자나, 무엇보다도 그분께 의지해야 합니다.

---

[5] 존 파이퍼, 『초자연적 성경 읽기』, 268. J.C. 라일의 『Old Paths』재인용. *Old Paths* 는 한국 CLC에서 『옛길』(2012)로 번역 출간.

이 책을 쓰는 과정 가운데 함께 하신 성령께서 이제 이 책을 보고 계시는 분들에게 임하시길 기도합니다. 그래서 많은 분이 하나님을 인격적으로 만나며, 복음의 진리를 깨닫는 역사가 있기를 원합니다.

> 하나님은 모든 사람이 구원을 받으며 진리를 아는 데에 이르기를 원하시느니라(딤전 2:4).

제2장

창조

　복음이라는 보물은 성경에 담겨있기에 복음을 알리려면 성경을 알아야 합니다. 그리고 성경이 '창조'로 시작하므로 복음을 아는 것도 '창조'를 아는 것으로부터 시작해야 합니다.

　성경을 간단히 요약하면 '하나님이 인간과 세계를 선하게 창조하셨으나, 인간의 타락으로 창조 세계가 부패하여, 하나님이 그들을 구원하시는 기사'라고 말할 수 있습니다. 여기서 창조 기사는 하나님이 본래 인간과 세계를 어떤 모습으로 창조하셨으며, 하나님과 창조 세계가 어떤 관계였는지에 대해 보여 줍니다.

　먼저 본래의 모습이 무엇인지 알아야 합니다. 본래의 모습을 알 때, 무엇이 잘못되었는지 알게 되고 다시 어떤 모습으로 회복되어야 하는지도 분명해지기 때문입니다. 창조 기사는 선한 창조 세계의 본래의 모습을 보여 줌으로써, 인간의 죄로 인해 무엇이 잘못되었고, 죄로 부패한 세계 가운데 궁극적으로 성취되어야 할 모습이 어떤 것인지 알려줍니다. 그러므로 창조를 이해하는 것이 복음을 이해하는 시작입니다.

이번 장에서는 창조에 대해서 '하나님', '세계', '인간'이라는 주제로 개관하고 제3, 4, 5장에서는 각각의 주제에 대해 자세히 살펴보겠습니다.

1. 하나님

> 태초에 하나님이 천지를 창조하시니라(창 1:1).

성경의 첫 문장은 하나님에 대해 두 가지 중요한 사실을 말해 줍니다.

첫 번째는 하나님이 '태초에' 창조하셨다는 사실입니다.

태초에 창조하셨다는 의미는 하나님이 태초라는 어떤 시점에 창조를 시작하셨다는 뜻이 아니라, 시간 자체를 창조하셨다는 뜻입니다.

> "처음"(레쉬트)은 어원적으로 "머리"(로쉬)와 "최초"(라숀)와 관련 있는 추상명사다. … 창세기 1장의 문맥은 레쉬트가 영원 속에서의 특정한 시기가 아니라 시간의 처음 그

자체를 가리키고 있음을 암시한다.[1]

시간을 창조하신 분은 시간을 초월하시는 분입니다. 그리고 시간을 초월하시는 분은 영원 전부터 언제나 계시는 분입니다.

> 산이 생기기 전 땅과 세계도 주께서 조성하시기 전 곧 영원부터 영원까지 주는 하나님이시니이다(시 90:2).

하나님만이 시작이 없습니다. 반면에 다른 모든 존재는 시작이 있습니다. 인간 뿐만 아니라, 천사와 사탄도 시작이 있습니다. 하지만 하나님은 온 우주 만물이 존재하기 이전, 영원 전부터 계시는 시작이 없는 분이십니다.

두 번째는 하나님이 '천지를' 창조하셨다는 사실입니다.

하나님은 온 우주 만물을 창조하셨습니다. 이것은 오직 하나님만이 창조주이시며 다른 모든 존재는 창조물이라는 뜻입니다. 모든 존재를 단지 둘로 나눈다면 창조주 하나님과 하나님 이외의 모든 창조물로 나눌 수 있습니다. 오직 하나님만이 하나님이십니다.

---

1 고든 웬함, 『창세기(상)』(*World biblical commentary. volume 1 : Genesis 1-15*), 박영호 역(서울: 솔로몬, 2013), 100.

창조주와 창조물, 우주의 모든 것은 이 두 가지로 나눌 수 있다. 둘 사이에는 영원한 간극이 있다. 하나님만이 시작이 없다. 하나님은 스스로 존재하시며, 존재하기 위해 필요한 것도 없다. 우주 만물은 하나님에 의해, 하나님을 위해 창조되었다.[2]

만물이 그에게서 창조되되 하늘과 땅에서 보이는 것들과 보이지 않는 것들과 혹은 왕권들이나 주권들이나 통치자들이나 권세들이나 만물이 다 그로 말미암고 그를 위하여 창조되었고 (골 1:16).

창조주 하나님의 영광을 아는 것이 예배의 시작입니다. 예배의 본질은 하나님의 영광을 찬송하는 것이기 때문입니다. 하나님의 영광을 알 때 비로소 우리 자신이 아니라 하나님이 경배의 대상이 되십니다.

거룩하다 거룩하다 거룩하다 만군의 여호와여 그의 영광이 온 땅에 충만하도다 하더라 (사 6:3).

---

2 D.A. 카슨, 팀 켈러 편집, 『복음이 핵심이다』, 45.

2. 세계

하나님이 세계를 창조하시기 전의 상태를 성경은 혼돈, 공허, 흑암이라고 말합니다(창 1:2). 빈 캔버스 위에 그림을 그리시듯이 하나님은 혼돈, 공허, 흑암 위에 질서와 생명과 빛의 세계를 창조하십니다.

혼돈을 질서로 바꾸십니다. 빛과 어둠을 나누시고, 궁창 사이로 물과 물을 나누시고, 바다를 한곳에 모이게 하셔서 바다와 육지를 나누십니다. 공허를 생명으로 채워 넣으십니다. 하늘의 궁창을 새로, 바다를 물고기로 채우시며, 육지에는 동물들이 번성하게 하십니다. 흑암을 빛으로 밝히십니다. 어둠 가운데 빛을 창조하시고, 해와 달과 별을 만드셔서 빛을 비추게 하십니다.[3]

하나님은 원자구조 안의 미세한 영역에서부터 우주의 광대함에 이르기까지, 창조 세계에 그분의 지혜와 능력과 탁월함을 쏟아부으셨습니다. 그리고 예술가가 자신의 위대한 작품을 보고 감탄하듯이 이렇게 말씀하십니다.

> 하나님이 지으신 그 모든 것을 보시니 보시기에 심히 좋았더라 (창 1:31).

---

[3] 이 문단은 김종희, 김병호, 김주영 편집, 『바이블아카데미(구약)』(서울: 한국미디어선교회, 2012), 32-33 내용을 참고.

하나님은 창조 세계를 통해 그분의 영광을 나타내셨습니다. '세계란 무엇인가'라는 질문에 대해 다른 답을 찾을 수도 있겠지만, 성경은 세계가 하나님의 영광의 표현이라고 말합니다(시 19:1; 사 43:7; 롬 1:20). 온 우주 만물은 하나님의 영광을 나타내기 위해 창조된 것입니다.

세계가 하나님의 영광의 표현이라는 것은 하나님이 선하신 분이시므로 창조하신 세계도 그분의 선하심을 나타낸다는 의미를 내포하는 것입니다. 창조 세계가 인간의 죄악으로 오염되었지만, 세계는 본질적으로 선한 것입니다(딤전 4:4).

이것은 예술 작품이 더러워진 것과 같습니다. 하나님은 세계라는 작품을 적당한 정도로 한번 만들어 보신 것이 아니기에 더럽혀졌다고 버리지 않으십니다.

> 하나님은 잡동사니를 만들지 않으셨다. 하나님은 자신이 창조한 것을 그처럼 긍정적으로 보았기 때문에, 인류가 그것을 더럽혔을 때 그것을 폐기하기로 작정하지 않으시고 오히려 자기 아들의 생명을 대가로 치러 그것을 다시 새롭고 선하게 만들기로 하셨다. 하나님은 잡동사니를 만들지 않으셨으며 또한, 만드신 것을 폐기하지도 않으셨다.[4]

---

[4] 알버트 월터스, 『창조, 타락, 구속』(*Creation regained : biblical basics for a reformational worldview*), 양성만 역 (서울: IVP, 1992), 87.

하나님이 세계를 포기하지 않으시는 이유는 사랑 때문입니다. 성경 전체를 관류하는 구원을 위한 하나님의 놀라운 열심은 하나님이 창조 세계를 얼마나 사랑하시는지 보여줍니다.

하나님은 오랜 역사 가운데 은혜로 택하신 자들과 관계를 맺으시고 그들의 지속적인 죄에도 불구하고 집요하리만큼 그 관계를 유지하십니다. 그리고 그들과의 관계를 통해 창조 세계를 회복시키고자 하십니다.

그리고 이 놀라운 사랑은 궁극적으로 하나님이 자신의 외아들을 내어주시는 것으로 나타납니다(요 3:16). 하나님은 창조 세계를 이토록 사랑하십니다.

3. 인간

하나님은 창조 세계 가운데 인간을 특별히 사랑하십니다.

인간이 무엇이기에 하나님은 이들에게 특별한 사랑을 베푸실까요?

인간은 창조의 절정입니다. 하나님은 온 우주를 창조하시고 모든 준비를 마치신 후에 마지막으로 그분의 형상을 따라 인간을 창조하십니다.

하나님이 자기 형상 곧 **하나님의 형상대로** 사람을 창조하시되 (창 1:27).

'인간이란 무엇인가'라는 질문에 대해 성경은 인간이 하나님의 형상대로 창조된 존재라고 말합니다. 성경은 모든 피조물 중에서 오직 인간만이 하나님의 형상대로 창조되었다고 말합니다.

그렇다면 이것은 무슨 의미일까요?

> 형상과 모양에 대한 히브리어가 원 독자들에게, 인간은 하나님을 닮았고 많은 면에서 하나님을 나타낸다는 것을 알게 했다는 사실을 우리가 깨달을 때, 하나님 형상의 의미에 대한 수많은 논쟁은 너무 협소하고 너무 특정한 의미만을 찾는 것으로 보인다. 성경이 "우리의 형상을 따라 우리의 모양대로 우리가 사람을 만들고"(창 1:26)라는 하나님의 말씀을 기록할 때, 그것은 단순히 원 독자들에게 "우리를 닮고 우리를 나타내도록 인간을 만들자"라는 것을 의미했을 것이다.[5]

---

5 웨인 그루뎀, 『성경핵심교리』(*Bible Doctrine*), 박재은 역 (서울: CLC, 2004), 332-333.

인간이 하나님의 형상대로 창조된 존재라는 것은 기본적으로 인간이 하나님을 닮은 존재라는 의미입니다. 성경은 온 우주 만물이 하나님의 영광을 나타내기 위해 창조되었다고 말하는데, 다른 피조물과 달리 하나님을 닮은 인간은 얼마나 더 하나님의 영광을 나타내기 위해 창조되었다고 말할 수 있겠습니까?

> 내 이름으로 불려지는 모든 자 곧 내가 **내 영광을 위하여 창조한 자를** 오게 하라 그를 내가 지었고 그를 내가 만들었느니라 (사 43:7).

또한, 인간이 하나님을 닮은 존재라는 사실은 인간이 하나님의 영광을 알 수 있다는 것을 암시합니다. 인간은 하나님을 아는 지식 가운데 그분을 찬송하기 위해 창조된 존재입니다.

> 이 백성은 내가 나를 위하여 지었나니 나를 찬송하게 하려 함이니라 (사 43:21).

하나님의 형상대로 창조된 인간은 하나님을 나타내며, 그분을 찬송하기 위한 존재입니다. 이것이 인간이 하나님의 형상대로 창조되었다는 진리의 첫 번째 의미입니다.

인간이 하나님의 형상대로 창조되었다는 것의 두 번째 의미는 인간은 하나님의 형상으로서 창조 세계를 다스리는 존재라는 것입니다.

하나님은 그분의 형상을 따라 인간을 창조하시고 인간에게 창조 세계를 다스리는 소명을 주십니다. 인간은 이 땅에 하나님의 다스림을 실현시키는 그분의 대리자로서 부르심을 받은 것입니다.

> 하나님이 이르시되 **우리의 형상을 따라** 우리의 모양대로 우리가 사람을 만들고 그들로 바다의 물고기와 하늘의 새와 가축과 온 땅과 땅에 기는 모든 것을 **다스리게 하자 하시고**(창 1:26).

그렇다면 창조 세계를 다스린다는 것은 구체적으로 어떤 의미일까요?

사람들은 대부분 가정이나 직장, 지역 교회 같은 공동체에 소속되어 다양한 관계를 맺으며 살아 갑니다. 소속된 공동체 없이 홀로 살아 가는 사람이라도 자기 자신과는 관계를 맺으며 살아 갑니다.

자신의 마음을 다스리는 것에서부터 시작하여, 공동체에서 하나님의 다스림을 실현해 나갈 때, 누구나 자신이 속해 있는 영역이 하나님의 다스림을 받게 할 수 있는 것입니다. 이것이 창조 세계를 다스린다는 것의 의미입니다.

종종 '믿고 산다는 것이 무엇인가'라는 질문을 하게 될 때가 있습니다. 신앙생활은 '하나님의 다스림을 받아, 내가 딛고 있는 땅을 하나님의 뜻대로 다스리며 사는 것'이라고 말해도 좋겠습니다. 이것이 하나님이 우리에게 요구하시는 삶의 모습입니다. 이렇게 살게 하려고 하나님이 우리를 창조하셨습니다.[6]

또한, 창조 세계를 다스린다는 것은 세계가 가진 잠재력을 끌어내는 일도 포함합니다.

창세기 1장 28절에서 주님은 인류를 향해 "땅에 충만하라. 땅을 정복하라"고 말씀하셨다. '정복하라'는 말은 비록 하나님이 지으신 만물이 더할 나위 없이 훌륭하지만 개발되어야 할 여지가 여전히 남아 있음을 가리킨다. 피조 세계에 아직 손이 닿지 않아 차츰 가꿔 가야 할 여지를 남기셔서 인류가 노동을 통해 그 빗장을 열어가게 하신 것이다.[7]

하나님은 칠 일째 안식하시므로 육 일간의 창조 사역을

---

[6] 김세윤, 김회권, 정현구, 『하나님 나라 복음』 (서울: 새물결플러스, 2013), 353.
[7] 팀 켈러, 『일과 영성』 (*Every good endeavor : connecting your work to God's work*), 최종훈 역 (서울: 두란노서원, 2013), 44.

마치셨지만, 이렇게 창조된 세계는 그 자체로 고정되어 있는 것이 아닙니다. 하나님은 그 자체로도 심히 좋은 세계를 창조하셨지만, 세계 안에 시간의 흐름 속에서 성장하고 발전할 수 있는 가능성을 심어 놓으셨습니다.

인간은 이 세계를 다스리며 발전시키기 위한 존재로 부르심을 받았습니다. 이것이 인간이 하나님의 형상대로 창조되었다는 진리의 두 번째 의미입니다.

제3장

하나님은 어떤 분이신가

제2장에서 '창조'에 대한 주제들을 개괄적으로 살펴보았다면 제3-5장에서는 각 주제를 심도 있게 살펴보겠습니다.

본장에서는 '하나님은 어떤 분이신가'라는 제목으로 '하나님'에 대해, 제4장에서는 '하나님은 세계를 왜 창조하셨는가'라는 제목으로 '세계'에 대해, 제5장에서는 '인간의 목적은 무엇인가'라는 제목으로 '인간'에 대해 살펴보겠습니다. 특히 이번 장에서 다룰 내용은 복음 이해의 초석이 되기에 신중하게 살펴볼 필요가 있습니다.

> 현실을 올바로 인식하려면 하나님을 아는 참 지식이 반드시 필요하다. 이것은 기독교 신앙의 근본 원리 가운데 하나다. 하나님을 그릇되게 안다면 결국 다른 모든 것을 잘못 인식하게 된다.[1]

---

1   폴 워셔, 『복음』, 129.

1. 자존하시는 하나님

 아무것도 없는 곳에서는 시간이 아무리 오래 지나더라도 아무것도 생길 수 없습니다. 아무것도 없는 곳에선 영원히 아무것도 없을 뿐입니다. 무엇인가 지금 존재한다는 것은 반드시 근원적인 것이 있었음을 말해 주는 것입니다.

 현대과학은 우주가 150억 년 전, 아무것도 없는 곳에서 대폭발로 인해 시작되었다고 말하지만, 아무것도 없는 그 자체에서 대폭발이 발생할 수는 없을 것입니다. 자연계 외부의 어떤 것으로 인해 발생했다고 봐야할 것입니다.

> 우주는 빅뱅에서 비롯되었다는 이 결론은 너무도 확고하다. 150억 년 전, 작디작은 한 점에서 상상하기조차 어려울 만큼 밝은 에너지 섬광이 쏟아져 나오면서 우주가 시작되었다는 것이다. 달리 보면 그 전까지는 아무것도 없었다는 얘기가 된다. 나로서는 어떻게 자연이, 여기서는 우주가 저절로 생겨날 수 있었다는 건지 당최 가늠이 가질 않는다. 그리고 기원이 있다는 것 자체가 어떤 존재가 있어 우주를 출범시켰을 수도 있다는 말이다. 그렇다면 아무래도 자연계 바깥에 있는 존재여야 할 것 같은 생각이 든다.[2]

---

2 팀 켈러, 『하나님을 말하다』 (*The Reason for God*), 최종훈 역 (서울: 두란노서원, 2017), 207. 과학자 프랜시스 콜린스 인터뷰 재인용.

그렇다면 우주를 존재하게 만든 최초의 근원은 무엇일까요?

유물론자들은 모든 만물의 근원이 물질이라고 말합니다. 하지만 빅뱅 우주론에 따르면 아무것도 없는 곳에서 시공간이 생기고 에너지가 생기고 물질이 생겼습니다. 물질로 인해 아무것도 없는 곳에서 이런 것들이 생겼다는 것은 넌센스입니다.

무(無)에서 시공간과 에너지와 물질이 생기게 한 존재는 시공간과 에너지와 물질을 초월하는 존재일 것입니다.

성경은 이 존재에 대해 이렇게 말합니다.

> **만물이 그로 말미암아 지은 바 되었으니** 지은 것이 하나도 그가 없이는 된 것이 없느니라 **그 안에 생명이 있었으니** (요 1:3-4).

성경은 모든 만물의 근원이 물질이 아니라 생명이라고 말합니다. 영원한 생명이신 하나님이 온 우주 만물을 태동시키셨다고 말합니다.[3]

하나님이 모든 존재의 근원이라는 것은 다른 존재는 시작이 있지만, 이 영원하신 생명은 시작이 없다는 것입니다. 시작이 없다는 것이야말로 하나님의 놀라운 신비입니다.

---

[3] 이 문단은 존 파이퍼의 요한복음 1장 3-4절에 대한 강해설교를 참고.

> 모세가 하나님께 아뢰되 내가 이스라엘 자손에게 가서 이르기를 너희의 조상의 하나님이 나를 너희에게 보내셨다 하면 그들이 내게 묻기를 그의 이름이 무엇이냐 하리니 내가 무엇이라고 그들에게 말하리이까 하나님이 모세에게 이르시되 **나는 스스로 있는 자이니라** 또 이르시되 너는 이스라엘 자손에게 이같이 이르기를 **스스로 있는 자가** 나를 너희에게 보내셨다 하라(출 3:13-14).

이 구절은 성경의 많은 구절 중에서도 특별한 부분입니다. 왜냐하면, 하나님께서 자신이 어떤 분이신지 집약적으로 계시하시기 때문입니다.

모세가 우회적으로 하나님의 이름을 물었습니다. 성경에서 이름은 존재의 정체성을 가장 집약적으로 표현하기에 하나님이 어떻게 대답하실지 기대 가운데 보게 됩니다. 하나님은 친히 자신을 이렇게 계시하십니다.

> 나는 스스로 있는 자이니라(출 3:14).

하나님이 "스스로 있는 자"라는 것은 하나님은 존재하시기 위해 어떤 존재에도 의존하지 않으신다는 의미입니다.

하나님 외의 모든 존재는 하나님에게 의존하며 살아 갑니다. 어떤 존재도 하나님이 뜻하시지 않는 한 생겨날 수 없으며, 그 존재를 유지할 수 없습니다.

그런데 오직 하나님은 다른 존재로부터 생겨나지 않으셨으며, 그 존재를 유지하는 데 있어 다른 어떤 존재에도 의존하지 않으시는 것입니다. 오직 하나님만이 자존하시는(self-exist) 분이십니다.

2. 삼위일체 하나님

그렇다면 자존하시는 하나님은 어떤 방식으로 존재하실까요?

성경은 하나님이 영원부터 영원까지 성부와 성자와 성령, 삼위로 존재하신다고 말합니다. 그리고 각 위격은 완전한 하나님이며, 그럼에도 하나님은 오직 한 분이라고 말합니다.

우리는 삼위일체 하나님에 대해서 결코 완전히 이해할 수 없을 것입니다. 왜냐하면, 인간은 단인격적인 존재이기 때문입니다. 우리는 단인격적인 존재 방식에 대해서는 어느 정도 이해할 수 있습니다. 자신이 단인격적인 존재이고, 이러한 존재가 다수이기 때문입니다.

하지만 하나님은 삼위격적인 존재이시며, 이러한 존재 방식에 있어서 창조 세계의 어떤 존재와도 같지 않으십니다. 그러므로 인간은 자신을 포함하여 어떤 존재들을 통해서도 삼위일체 하나님을 완전히 이해할 수 없는 것입니다.

하나님이 삼위격적인 존재라는 것은 그분께서 단지 독특한 존재라는 의미가 아닙니다. 삼위일체 하나님이 완전하신 원형이시고 다른 존재들은 불완전한 모형이라는 뜻입니다.

마치 작가가 자화상을 그리듯이 삼위일체의 원형이신 하나님이 단인격적인 모형인 인간을 창조하신 것입니다.

> 인격성의 원형태는 인간이 아닌, 하나님에게 있다. 하나님의 인격성은 원형적(archetypal)이지만, 인간의 인격성은 모형적(ectypal)이다. … 오히려 인간에게서 불완전한 것으로 나타나는 것이 하나님 안에서는 무한한 완전으로 존재한다. 이 둘 사이에 있는 하나의 뚜렷한 차이점은 인간이 단인격적인 반면에, 하나님은 삼위격적이라는 사실이다.[4]

하나님이 삼위로 존재하신다는 진리는 사랑이라는 실재를 깊이 이해하게 해 줍니다. 사랑의 기원은 삼위일체 하나님 안에서의 사랑입니다.

---

[4] 루이스 벌코프, 『벌코프 조직신학』 (*Systematic theology*), 권수경 역 (파주: CH북스, 2001), 297.

> 하나님은 한 분이지만 하나님의 존재 안에는 세 위격이 계신다. 세 위격들은 모두 동일하게 하나님이며 서로서로 영원 전부터 사랑하시고 경배하시고 섬기시고 기뻐하신다. 만일 하나님이 단일 위격이었다면 그분이 다른 존재를 창조하기 전까지는 사랑을 알지 못했을 것이다. 그럴 경우, 사랑이나 공동체 같은 개념은 그분의 본질적인 성품이 아니라 나중에 생겨난 것이 될 것이다. 그러나 하나님은 삼위로 계시며 사랑, 우정, 공동체는 하나님께 본질적인 것이다. 이는 모든 실재의 중심이다.[5]

하나님은 영원 전부터 언제나 삼위로 계시며, 삼위 안에서 언제나 사랑하십니다. 그러므로 사랑의 기원은 영원 전입니다. 사랑에 비하면 미움, 시기, 질투, 분노, 교만 같은 죄악들이 우주에 존재해 온 시간은 한 점에 불과합니다. 이런 것들과 비교할 수 없이 사랑은 오래되었습니다.

---

[5] 팀 켈러, 『센터처치』 (*Center Church*), 오종향 역 (서울: 두란노서원, 2016), 64.

3. 거룩하신 하나님

> 웃시야 왕이 죽던 해에 내가 본즉 주께서 높이 들린 보좌에 앉으셨는데 그의 옷자락은 성전에 가득하였고 스랍들이 모시고 섰는데 … 서로 불러 이르되 거룩하다 거룩하다 거룩하다 만군의 여호와여 그의 영광이 온 땅에 충만하도다 하더라(사 6:1-3).

> 그들이 밤낮 쉬지 않고 이르기를 거룩하다 거룩하다 거룩하다 주 하나님 곧 전능하신 이여 전에도 계셨고 이제도 계시고 장차 오실 이시라 하고(계 4:8).

구약 시대의 선지자 이사야와 신약 시대의 사도 요한은 모두 환상 중에 천사들이 하나님을 찬송하는 것을 보았습니다. 하나님을 가까이에서 찬송하는 이 천사들은 두 장면에서 모두 그분을 이렇게 찬송합니다.

> 거룩하다 거룩하다 거룩하다(사 6:3).

하나님은 거룩하신 하나님이십니다. 천사들이 눈을 가리고 세 번 반복하며 찬양하는 장면에서 지극히 존귀하신 하나님을 향한 깊은 감탄과 경외가 느껴집니다. 천사들뿐만 아니라 성도들에게도 하나님의 거룩하심은 충만한 감격과 찬송을 불러 일으킵니다.

'거룩'이라는 말은 성경에서 다양한 단어들과 결합되어 사용되는데 그 기본적인 의미는 '구별되다', '분리되다'라는 뜻입니다. 하지만 거룩이 하나님을 나타낼 때는 이러한 의미를 넘어섭니다.

하나님은 유일하신 존재이시기에 이미 모든 존재와 구별됩니다. 하나님이 거룩하시다는 의미는 그분이 단지 모든 창조물과 구별되는 존재라는 뜻을 넘어서, 독보적으로 존귀하신 존재라는 뜻입니다. 성경은 이러한 하나님의 무한한 존귀하심을 거룩이라는 단어로 표현하고 있습니다.

> 그렇다면 하나님의 거룩함은 과연 무엇입니까?
> 그것은 바로 그분의 무한한 가치입니다. 하나님의 거룩함이란 지극히 독특한 그분의 신적 본질로서, 이 본질은 그 독특함으로 무한한 가치를 지닙니다.[6]

또한, 거룩은 죄가 없는 순전함을 의미합니다. 거룩하신 하나님은 죄가 전혀 없으신 완전무결한 분이십니다. 이사야 선지자는 환상 가운데 거룩하신 하나님을 뵈옵고 이렇

---

6 존 파이퍼, 『독트린 매터스』 (*Doctrine matters : ten theological trademarks from a lifetime of preaching*), 오현미 역 (서울: 복있는사람, 2014), 42.

게 탄식합니다.

> 그 때에 내가 말하되 화로다 나여 망하게 되었도다 나는 입술이 부정한 사람이요 나는 입술이 부정한 백성 중에 거주하면서 만군의 여호와이신 왕을 뵈었음이로다 하였더라 (사 6:5).

우리는 누구를 만나더라도 죄가 있는 사람들을 만나 왔습니다. 그가 성인으로 추대되는 사람이라도 그렇습니다. 죄인들 가운데에서는 자신의 죄가 잘 인식되지 않습니다.
그런데 어느 날 죄가 전혀 없으신, 완전무결한 존재를 만난다면 어떻겠습니까?
그리고 그 존재로부터 흘러나오는 거룩한 빛을 영혼이 자각한다면 말입니다.
지금까지 살아온 그 어느 날보다 자신의 죄가 선명하게 보일 것입니다. 그리고 죄로 얼룩진 자신이 하나님과 얼마나 이질적인지 깨닫고 이사야처럼 비통해 할 것입니다. 영광의 광채 앞에서 사도 요한처럼 엎드러질 것입니다.

> 그 얼굴은 해가 힘있게 비치는 것 같더라 내가 볼 때에 그의 발 앞에 엎드러져 죽은 자 같이 되매 (계 1:16-17).

지금 이 시대에도 거룩하신 하나님을 인격적으로 만난 사람들이 있습니다. 그들의 간증에는 한 가지 특징이 있는데, 그것은 자기 죄에 대한 비통한 인식입니다. 하나님의 존전에서 우리의 죄는 여과 없이 드러납니다. 하나님은 거룩하신 분이십니다.

> 하나님은 빛이시라 그에게는 어둠이 조금도 없으시다(요일 1:5).

제4장

하나님은 세계를 왜 창조하셨는가

세계가 무엇인지 알 수 있는 유일한 방법은 하나님이 세계를 창조하신 이유를 아는 것입니다. 하나님의 비밀은 그분의 말씀을 통해서 알 수 있으므로, 이 비밀을 알기 위해서도 역시 성경을 펴야 합니다.

성경에 나타난 하나님의 비밀 가운데는 의아한 말씀들이 많습니다. 모든 내용이 직관적으로 잘 이해된다면 오히려 그 책은 사람이 쓴 책이 아닌지 의심해봐야 할 것입니다. 성경은 사람의 말이 아니라 하나님의 말씀이기에 처음에는 받아들이기 어려운 내용들이 많이 있습니다.

이런 말씀들은 하나님께 나아가는데 걸림돌이 되기도 하지만, 사실 복음을 깊이 알게 하는 도약판입니다.

1. 하나님의 천지 창조 목적

성경의 많은 의아한 말씀 가운데 하나님이 세계를 창조하신 목적에 대한 말씀은 복음을 이해하는데 있어서 최고의 도약판입니다. 이 진리는 성경을 보는 패러다임을 '인간 중심'에서 '하나님 중심'으로 바꾸어 놓습니다.

그것은 하나님이 온 우주 만물을 그분의 영광을 위해 창조하셨다는 진리입니다. 성경의 많은 구절은 하나님의 천지 창조 목적이 하나님의 영광이라고 말합니다.[1]

> 만물이 그에게 창조되되 하늘과 땅에서 보이는 것들과 보이지 않는 것들과 혹은 보좌들이나 주관들이나 정사들이나 권세들이나 만물이 다 그로 말미암고 **그를 위하여 창조되었고**(골 1:16).

> 내 이름으로 불려지는 모든 자 곧 **내가 내 영광을 위하여 창조한 자를** 오게 하라 그를 내가 지었고 그를 내가 만들었느니라 (사 43:7).

---

1 조나단 에드워즈, 존 파이퍼, 『하나님의 영광을 위한 하나님의 열심』 (*God's passion for his glory*) 제2권, 2부, 제3장, 백금산 역 (서울: 부흥과개혁사, 2003)을 참고.

구원은 창조의 선하고 풍성한 상태를 회복시키는 새로운 창조입니다. 그러므로 구원의 목적 또한, 창조의 목적과 같이 하나님의 영광입니다. 하나님은 세계를 창조하실 때나, 부패한 세계를 새롭게 하실 때나 모두 그분의 영광을 위해 하십니다.

> 나 여호와가 말하노라 띠가 사람의 허리에 속함 같이 내가 이스라엘 온 집과 유다 온 집으로 내게 속하게 하여 그들로 내 백성이 되게 하며 **내 이름과 명예와 영광이 되게 하려 하였으나** 그들이 듣지 아니하였느니라(렘 13:11).

> 그 기쁘신 뜻대로 우리를 예정하사 예수 그리스도를 말미암아 자기의 아들들이 되게 하셨으니 이는 그의 사랑하시는 자 안에서 우리에게 거저 주시는 바 **그의 은혜의 영광을 찬송하게 하려는 것이라**(엡 1:5-6).

> 너희로 지극히 선한 것을 분별하며 또 진실하여 허물없이 그리스도의 날까지 이르고 예수 그리스도로 말미암아 의의 열매가 가득하여 **하나님의 영광의 찬송이 되게 하시기를 구하노라**(빌 1:10-11).

그렇다면 하나님의 영광이란 무엇일까요?

제3장에서 거룩이 하나님의 무한한 가치를 의미한다는 것에 대해 나눴습니다. 하나님의 영광은 하나님의 거룩이 창조 세계에 나타난 것을 말합니다.

> 우리는 거룩의 아름다움을 하나님의 영광으로 경험한다. 하나님의 거룩이 세상에 드러날 때-세상을 창조하고 관통할 때-우리는 그것을 하나님의 영광이라고 부른다. 하나님의 거룩함이 바깥으로 흘러나와 세상이 보고 감탄할 수 있는 상태가 하나님의 영광이다.[2]

하나님의 영광은 웃시야 왕이 죽던 해 이사야가 보고, 변화산에서 베드로가 보고, 다메섹에서 바울이 보고, 밧모섬에서 요한이 본 하나님의 외적 영광과 성령 안에서 말씀을 통해 보는 무한한 선하심과 지혜와 능력, 탁월함, 사랑과 행복 같은 하나님의 내적 영광을 모두 포함하는 것입니다.

하나님은 온 우주 만물을 그분의 영광을 위해 창조하셨습니다. 하나님은 탁월한 예술가처럼 그분의 영광을 세계라는 작품으로 표현하셨습니다. 창조 세계는 하나님 영광의 표현입니다.

---

2 존 파이퍼, 『초자연적 성경 읽기』, 58.

그런데 하나님이 모든 만물을 그분의 영광을 위해 창조하셨다는 것은 다른 말로 하면 모든 만물이 하나님의 영광을 위해 존재한다는 것입니다. 즉 모든 존재의 핵심 요소가 하나님의 영광이라는 의미입니다.

> 사실, 우리는 하나님의 영광이 그 모든 것의 실재에 해당한다는 것을 보았다. 예를 들어 하늘이 하나님의 영광을 선포한다고 말할 때는, 그것이 하늘의 핵심이라는 의미다. 하늘에 관해 연구해야 할 항목이 만 가지는 되겠지만, 하나님의 영광을 선포한다는 것이 하늘의 가장 중요한 점이다. 창조된 모든 실재가 다 이와 같다.[3]

'인생이란 무엇인가'라는 질문에 대해서도 같은 방식으로 답할 수 있습니다. 성경은 우리가 "먹든지 마시든지 무엇을 하든지 다 하나님의 영광을 위하여 하라"(고전 10:31)고 말합니다.

이 말은 먹거나 마시거나 무엇인가를 하는 인생이라는 것의 핵심 요소가 하나님의 영광임을 의미하는 것입니다. 인생이 무엇인지에 대해 다른 답을 찾을 수 있겠지만, 성경은 인생이 하나님의 영광을 위한 것이라고 말합니다.

---

[3] 존 파이퍼, 『초자연적 성경 읽기』, 219.

2. 하나님이 그분의 영광을 가장 중요하게 여기신다는 진리에 대하여

하나님이 그분의 영광을 위해 세계를 창조하셨다는 진리를 잘못 이해하면 하나님을 자기중심적이며 교만한 존재로 생각할 수 있습니다. 하나님을 피상적으로 이해해서 그분을 거부하게 된다면 이것은 안타까운 일이 아닐 수 없습니다.

우리는 하나님이 자신의 영광을 다른 모든 것, 인간을 포함하여 온 우주 만물보다 중요하게 여기시는 것이 합당한 것일 뿐만 아니라, 놀라운 사랑이라는 것을 이해해야 합니다.

먼저 이것이 왜 합당한 것인지에 대해 조나단 에드워즈의 설명과 이에 대한 존 파이퍼의 주석을 살펴보겠습니다. 저에게 있어서 이 글은 성경을 보는 패러다임을 바꾸어 놓았습니다. 이 부분만큼은 잠시 시간을 내어 묵상해 보시기 바랍니다.

> 어떤 면에서 만일 하나님이 자신을 천지창조의 목적으로 삼으실 수 있다면 하나님이 자신을 천지창조의 최종, 최고의 목적으로서 존중한다고 생각하는 것은 합리적이다. 왜냐하면, 하나님은 무한히 가장 위대하고 좋으신 분이기 때문에 그렇게 하는 것이 합당하시기 때문이다. 그 밖의

모든 것은 가치와 중요성과 탁월함에 있어 하나님과 비교하면 완전히 아무것도 아닌 것과 같다. 그러므로 만일 하나님이 본성에 따라 어떤 것에 대한 존중함을 보이신다면 하나님은 필연적으로 하나님 자신에 가장 큰 존중함을 보이실 것이다. 만일 다르게 추측한다면 그것은 하나님의 본성, 지혜, 거룩함 그리고 모든 것을 적합하게 하시는 하나님의 무오하심과 반대가 될 것이다.(중략)

그러므로 만일 마음의 도덕적 정당성이 합당한 것, 적당한 것에 존중의 마음을 표하는 것이라면 최고의 존중을 하나님께 드리는 것이 무한히 합당한 것이다. 또한, 여기서 최고의 존중을 드리기를 거부하는 것은 무한하게 가장 합당치 않은 행동이 될 것이다. 그러므로 하나님의 성향 혹은 하나님의 경향의 도덕적 정당성은 주로 다른 존재를 존중하는 이상으로 무한히 자신을 존중하는 것이다.

앞의 두 단락의 진리는 나 자신의 실재에 대한 이해를 형성하는 데 있어서 엄청나게 중요한 것이다. 나는 독자들이 이 진리에 대해 간절하게 씨름해 볼 것을 권면한다.

"하나님의 도덕적 정당성은 … 주로 다른 모든 존재에 대한 하나님의 존중보다 무한히 높은 하나님 자신에 대한 존중으로 구성되어 있다."

이것은 신학에 있어서 가장 큰 분수령이다. 만일 당신이 이 진리를 믿는다면 당신의 모든 사상의 강물은 하나님을 향해서 흐를 것이다. 그러나 만일 당신이 이 진리를 믿지 않는다면 당신의 모든 사상의 강물은 사람을 향해서 흐르게 될 것이다.[4]

하나님이 무한히 존귀하신 분일 뿐만 아니라 무오하신 분이라면 하나님의 최고의 존중은 하나님 자신을 향하는 것이 합당합니다. 만약 하나님의 최고의 존중이 하나님 보다 못한 존재를 향한다면 그분은 더 이상 무오하신 분이 아니기 때문입니다.

그러므로 하나님이 자신의 영광을 다른 모든 것, 인간을 포함하여 온 우주 만물보다 중요하게 여기시는 것은 합당한 것입니다.

하지만 하나님이 그분의 영광을 온 우주 만물보다 중요하게 여기시는 것은 합당하기만 한 것은 아닙니다. 하나님이 그분의 영광을 위하시는 것은 온 우주 만물을 향한 놀라운 사랑입니다.

당신의 마음이라는 원판에 들어맞는 짝이 하나님의 영광뿐이라고 생각해 보라. 당신이 하나님의 위엄과 아름다움을 알고 사랑하며 거기서 만족을 누리도록 지어졌다고 생

---

[4] 에드워즈, 파이퍼, 『하나님의 영광을 위한 하나님의 열심』, 203.

각해 보라. 하나님의 영광이 우주에서 가장 아름다운 실체이며 따라서 당신의 영혼을 가장 만족시켜 준다고 생각해 보라. 세상 무엇보다도 당신이 위대하신 하나님의 임재에 목마르고 굶주려 있다고 생각해 보라. 그런데 이 하나님이 당신의 모든 죄에도 불구하고 그분의 거룩하고 의로우신 영광을 용케 유지하고 높이셨으며, 그러면서도 당신이 영원히 누릴 수 있도록 친히 당신의 친구가 되어 주신다고 생각해 보라.

그게 사실이라면 하나님이 불굴의 의지로 자신의 영광을 지지하고 드러내심은 이기적 교만의 표시가 아니라 희생적 사랑의 표시다. 그분은 당신의 영혼이 갈망하는 바로 그것을 드높이고 알리시는 것이다.[5]

이 글의 표현처럼 하나님의 영광은 "우주에서 가장 아름다운 실체"입니다. 하나님의 영광은 영혼의 모든 요구를 만족시켜 주기에, 하나님이 그분의 영광을 위하시는 것이야말로 우리를 향한 사랑이 되는 것입니다.

이런 배경에서 하나님이 그분의 영광을 위해 온 우주 만물을 창조하시고 구원하신다는 진리를 이해해야 합니다.

---

[5] 존 파이퍼, 『성경과 하나님의 영광』 (*A peculiar Glory*), 윤종석 역 (서울: 두란노서원, 2016), 299.

하나님이 우리를 창조하시고 구원하셔서, 우리가 그분의 영광을 누릴 수 있게 하시는 것은 하나님께서 그분의 영광을 위하시는 것이며 또한, 우리에게 놀라운 사랑을 베푸시는 것입니다.

제5장

인간의 목적은 무엇인가

'세계는 무엇인가'라는 질문과 마찬가지로 '인간은 어떤 존재인가'라는 질문도 하나님으로부터 시작해야 합니다. 하나님이 인간을 창조하신 목적을 알 때 인간이 어떤 존재인지에 대해서 알 수 있기 때문입니다.

하나님은 다른 피조물과 같이 인간도 하나님의 영광을 위해 창조하셨습니다. 하지만 인간의 창조에는 한 가지 특별한 점이 있는데, 그것은 하나님이 인간을 그분의 형상대로 창조하셨다는 것입니다. 이번 장에서는 이 사실을 중심으로 인간의 목적에 대해 나눠 보겠습니다.

1. 하나님의 영광을 나타내는 존재

하나님의 형상을 따라 창조된 인간의 목적은 그분의 완벽한 형상(히 1:3; 고후 4:4)이신 그리스도를 닮아 가는 것입니다(롬 8:29; 엡 4:13). 하나님은 이런 방식으로 창조 세계에 그분의 영광을 나타내고자 하십니다. 즉 인간의 궁극적인 목적은 그리스도를 닮아 가는 모습을 통해 창조 세계에 하나님의 영광을 나타내는 것입니다(사 43:7; 롬 8:29).

먼저 그리스도를 닮아 간다는 것이 무엇인지 살펴보겠습니다. 이것은 방대한 주제이지만 여기서는 간단히 나누겠습니다.

그리스도를 닮아 간다는 것은 기본적으로 그분의 성품을 닮아 간다는 의미입니다. 성령의 열매에 관한 성경 구절은 그리스도의 성품이 어떤 것인지 잘 보여 줍니다.

> 오직 성령의 열매는 사랑과 희락과 화평과 오래 참음과 자비와 양선과 충성과 온유와 절제니(갈 5:22-23).

그분의 성품 가운데 '사랑'에 대해 그리스도께서는 이렇게 말씀하십니다.

> 첫째는 이것이니 … **네 마음을 다하고 목숨을 다하고 뜻을 다하고 힘을 다하여 주 너의 하나님을 사랑하라** 하신 것이요 둘째는 이것이니 **네 이웃을 네 자신과 같이 사랑하라** 하신 것이라 이보다 더 큰 계명이 없느니라(막 12:29-31).

하나님의 형상대로 창조된 인간은 본래 하나님을 사랑하고, 그분의 형상을 가진 다른 사람들을 사랑하기 위해 창조된 존재입니다. 인간은 '하나님 사랑'과 '이웃 사랑'이라는 대계명을 지키며 사랑의 완벽한 모범이신 그리스도를 닮아 가는 존재입니다.

여기서 한 가지 주목할 점은 그리스도를 닮아 가는 것 자체가 인간의 궁극적인 목적은 아니라는 것입니다. 이 부분은 성경을 이해하는 데 있어서 패러다임의 전환이 일어나는 지점입니다. 인간의 궁극적인 목적은 그리스도를 닮아 가는 것 자체에 있는 것이 아니라, 그리스도를 닮아 감으로써 창조 세계에 하나님의 영광을 나타내는 것에 있습니다.

우리는 성경을 읽을 때 실제로 이해하지 못한 말씀들도 이해했다고 생각하고 넘어가는 경우가 많습니다. 로마서 8장 29절은 이런 경우의 대표적인 예일 것입니다.[1]

> 하나님이 미리 아신 자들을 또한 그 아들의 형상을 본받게 하기 위하여 미리 정하셨으니 **이는 그로 많은 형제 중에서 맏아들이 되게 하려 하심이니라** (롬 8:29).

---

[1] 존 파이퍼, 『하나님이 복음이다』 (*God is the gospel*), 전의우 역 (서울: IVP, 2006). 로마서 8장 29절을 근거로 인간의 궁극적인 목적이 그리스도를 닮아 감으로써 창조 세계가 하나님의 영광을 나타내는 것에 있다는 통찰은 196-197에서 영향을 많이 받은 것입니다.

이 구절이 의미하는 바를 분명하게 나타내면 하나님은 아들의 형상, 즉 그리스도의 형상을 닮아 가기 위한 자들을 미리 정하셨는데, 그 이유는 [그리스도를 닮아 가는 자들이 아니라] '그리스도께서' 맏아들이 되게 하시기 위함이라는 것입니다. 즉 우리가 그리스도를 닮아 가야 하는 궁극적인 목적은 그리스도께서 맏아들로서 영광과 찬송을 받으시기 위함인 것입니다.

여기서 자연스럽게 이런 의문이 생깁니다.

그리스도께서 맏아들로서 영광과 찬송을 받으시는 것이 궁극적인 목적이라면 이 목적에 있어서 우리들이 그분의 형상을 닮아 가는 것이 왜 필수적인 요소가 되는 것일까요?

왜냐하면, 우리는 그분을 나타내는 존재이기 때문입니다.

만약 그리스도를 나타내는 존재가 그분을 닮지 않아 왜곡되게 나타낸다면 어떻게 그리스도께서 영광과 찬송을 받으실 수 있겠습니까?

우리가 그리스도의 사랑과 겸손, 온유함을 배워야 하는 것은 우리 자아가 존중 받고 칭송 받기 위함이 아닙니다. 우리가 그리스도를 닮아 가야 하는 것은 우리 자신이 그리스도처럼 높임 받기 위함이 아니라, 그리스도를 더욱 높이기 위함입니다.

2. 찬송하는 존재

성경의 많은 구절은 인간의 목적이 하나님의 영광을 찬송하는 것이라고 말합니다.

> 이 백성은 내가 나를 위하여 지었나니 **나를 찬송하게 하려 함이라**(사 43:21).

> 모든 일을 그의 뜻의 결정대로 일하시는 이의 계획을 따라 우리가 예정을 입어 그 안에서 기업이 되었으니 이는 우리가 그리스도 안에서 전부터 바라던 **그의 영광의 찬송이 되게 하려 하심이라**(엡 1:11-12).

> 그 기쁘신 뜻대로 우리를 예정하사 예수 그리스도로 말미암아 자기의 아들들이 되게 하셨으니 이는 그가 사랑하시는 자 안에서 우리에게 거저 주시는 바 **그의 은혜의 영광을 찬송하게 하려는 것이라**(엡 1:5-6).

> 그 안에서 너희도 진리의 말씀 곧 너희의 구원의 복음을 듣고 그 안에서 또한 믿어 약속의 성령으로 인치심을 받았으니 이는 우리 기업의 보증이 되사 그 얻으신 것을 속량하시고 **그의 영광을 찬송하게 하려 하심이라**(엡 1:13-14).

> 너희로 지극히 선한 것을 분별하며 또 진실하여 허물없이 그리스도의 날까지 이르고 예수 그리스도로 말미암아 의의 열매가 가득하여 **하나님의 영광의 찬송이 되게 하시기를 구하노라** (빌 1:10-11).

위에서 인용한 성경 구절은 우리가 창세 전에 예정을 입고, 복음을 믿으며, 하나님의 자녀가 되고, 성령의 인치심을 받으며, 그리스도를 닮아 의의 열매가 가득하게 되는 모든 것이, 하나님의 영광을 찬송하기 위함이라고 말합니다. 하나님의 영광을 찬송하는 것, 이것이 인간의 궁극적인 목적입니다.

이것은 하나님께서 우리들이 그분을 찬송하도록 강압하신다는 뜻이 아닙니다. 오히려 인간은 하나님을 알아 갈수록 그분을 찬송하지 않을 수 없어지는 것입니다. 하나님을 알아갈수록 자신이 그분을 찬송하기 위해 태어났음을 깨닫게 되는 것입니다. 찬송은 기쁨이 넘쳐흐르는 것입니다.

> 하나님을 찬양하는 것이든 다른 어떤 것을 찬양하는 것이든, 찬양과 관련하여 이상하게도 나는 아주 분명한 사실 한 가지를 놓치고 있었다. 나는 찬양을 찬사나 찬동 혹은 경의를 표하는 일의 측면에서만 생각했다. ⋯ 수줍음 때문에 혹은 다른 사람을 지루하게 하면 어쩌나 하는 두려움

때문에 짐짓 그 즐거움을 억제하지 않는 한, 찬양이란 즐거움이 자연스럽게 넘쳐흐르는 일이라는 사실을 깨닫지 못했던 것이다.[2]

성경은 인간이 찬송하는 존재라고 표현하지만, 더욱 강력하게 "찬송을 위한 존재"(엡 1:12, NIV)라고도 표현합니다. 인간은 단지 찬송을 하는 존재가 아닙니다. 찬송을 위해 태어난 존재입니다. 인간은 "하나님의 영광의 찬송"(빌 1:11)이 될 때 가장 행복한 존재입니다.

그렇다면 이 목적은 어떻게 성취될 수 있을까요?

인간의 마음은 지성과 감정과 의지로 구성되고, 각각의 요소는 별개가 아닙니다. 우리가 지식적으로 무엇을 알고, 어떻게 알고 있는지에 따라 감정이 움직이고, 어떻게 느끼는 지에 따라 의지가 작동합니다. 의지가 작동할 때 비로소 행동하게 되는 것입니다.

그러므로 인간이 하나님의 영광을 찬송하기 위해서는 먼저 그분의 영광을 알아야 합니다. 하나님을 올바로 알 때 그분을 향한 경외와 감격이 생겨나고, 이 충만한 감정은 그분을 높이고자 하는 열심을 일으키는 것입니다. 이것이 인간 안에서 일어나야 하는 가장 본질적인 역사입니다.

---

[2] 파이퍼, 『독트린 매터스』, 77. C. S. 루이스의 글 재인용.

이러한 역사는 하나님을 닮아 가는 과정 가운데 더욱 증폭됩니다. 그분을 닮아 갈수록, 즉 그분과 공유하는 면이 커질수록 그분을 더욱 이해하게 되고, 그분을 이해할수록 그분을 높이고자 하는 열심은 더욱 커져가는 것입니다.

우리는 자신과 공유하는 면이 전혀 없는 대상에 감탄할 수 없습니다. 어떤 대상에 감탄하는 이유는 그 대상이 월등히 탁월하기 때문이기도 하지만, 다른 한편으로는 그 탁월함을 이해하기 때문입니다.

하나님을 닮아 갈수록 그분을 더욱 알게 되고, 그분을 알게 될수록, 그분께 더욱 감탄하게 됩니다. 이렇게 하나님을 아는 사람들은 그분을 점점 더 큰 경외와 기쁨 가운데 찬송하게 되는 것입니다. "하나님의 영광의 찬송"으로 완성되는 것입니다. 이것이 인간의 궁극적인 목적입니다.

3. 다스리는 존재

제2장에서 인간이 하나님의 형상대로 창조된 존재라는 의미에 대해 두 가지 관점에서 살펴보았습니다.

첫 번째는 인간이 하나님의 영광을 나타내고 찬송하는 존재라는 것입니다.

두 번째는 인간이 창조 세계를 다스리고 발전시키는 존재라는 것입니다.

지금까지 첫 번째 관점에 대해 살펴보았다면 여기서는 두 번째 관점에 대해 살펴보겠습니다. 하나님의 형상으로 창조된 인간의 목적은 창조 세계를 다스리는 것입니다. 그것은 인간이 하나님의 뜻과 상관없이 독자적으로 세계를 다스린다는 의미가 아닙니다. 인간이 세계를 다스린다는 것은 하나님의 대리자로서, 그분의 다스림을 세계에 실현한다는 의미입니다. 그러므로 인간에게는 필수적으로 '일'이 요구됩니다. 왜냐하면, 그분의 다스림을 실현하는 것은 생각만으로 되지 않고, 일을 통해 되기 때문입니다.

성경은 하나님이 일하시는 내용으로 가득합니다. 하나님은 세계를 창조하시고, 개척하시고, 회복시키시며, 통치하십니다. 하나님은 일하시는 하나님이십니다.

> 하나님이 세상에 오신다면 어떤 모습일까?
> 고대 그리스인들은 철학자나 왕일 것으로 생각했다. 고대 로마인들은 정의롭고 고상한 정치가를 떠올렸을 것이다. 하지만 히브리 땅에 임하신 하나님은 어떠셨는가?

목수로 오셨다.[3]

하나님은 그분의 일에 인간을 동참시키십니다. 아담과 하와는 동산을 경작하고 지킬 뿐만 아니라 피조물의 이름을 짓는 일들을 수행하면서, 세계를 다스리시는 하나님의 사역에 참여했습니다(창 2:15, 19). 이제 인간은 농사를 짓고 가축을 키우는 것에서부터 금융, 의료, 우주공학에 이르기까지 다양한 일을 통해 창조 세계를 다스리시고 발전시키시는 하나님의 사역에 참여합니다.

제2장에서 살펴본 바와 같이 하나님이 창조하신 세계는 그 자체로도 좋은 세계이지만 그 안에 성장하고 발전할 수 있는 가능성이 있습니다. 그리고 인간은 창조 세계를 다스리고 발전시키기 위해 부르심을 받았습니다.

그러므로 하나님의 다스림 안에서 창조 세계를 발전시키고자 하는 노력은 가치 있는 것입니다. 하나님은 죄로 얼룩진 문명을 폐기시키시는 것이 아니라 회복시키고자 하시기 때문입니다.

> 창조 세계가 원초적 과거에서 종말론적 미래로 발전하는 것을 가장 적절하게 상징하는 것은 성경이 동산에서 시작

---

[3] 팀 켈러, 『팀 켈러의 일과 영성』, 61. 필립 젠센의 글 재인용.

하여 도시, 즉 '만국의 영광과 존귀'로 가득한 도성으로 끝난다는 사실일 것이다.[4]

한 가지 중요한 내용을 강조하고 이 주제를 마치겠습니다. 사실 하나님은 인간을 통하지 않고서도 얼마든지 세계를 직접 다스리실 수 있으셨습니다. 아니면 그분의 말씀에 절대 순종하는 피조물을 창조하셔서 일하게 하실 수도 있으셨습니다. 만약 세계를 다스리시는 것만이 유일한 목적이었다면 하나님은 자유의지를 가진 "번거로운" 존재를 창조하실 필요가 없으셨습니다.

하나님이 그분의 형상대로 인간을 창조하시고, 그들을 지켜보시며, 그들과 교제하시는 장면은 마치 부모가 자녀를 양육하는 모습을 연상시킵니다. 하나님이 인간을 다스리는 자로 부르시고 일을 맡기시는 것도 이런 배경에서 이해해야 합니다. 하나님은 인간을 일하는 기계가 아니라, 아버지의 일에 동참하는 자녀로 창조하신 것입니다.

하나님의 자녀들은 그분께서 맡기신 일을 통해 창조 세계를 다스리는 법을 배우는 것입니다. 인간은 이렇게 온 우주를 다스리는 자를 따라 다스리는 자로 성장해 가는 것입니다. 하나님은 인간을 다스리는 자로 창조하셨고, 이 땅에

4　알버트 월터스, 『창조, 타락, 구속』, 86.

서 다스리는 법을 배우게 하시며, 다스리는 자로 완성하실 것입니다.

4. 하나님의 영광과 인간의 기쁨[5]

웨스트민스터 소요리 제일 답은 인간의 궁극적인 목적을 이렇게 요약합니다.

> 사람의 제일 되는 목적은 하나님을 영화롭게 하는 것과 영원토록 그를 즐거워하는 것이다.

그런데 "하나님을 영화롭게 하는 것"과 "영원토록 그를 즐거워하는 것"은 서로 다른 것이 아닙니다. '하나님의 영광'과 '인간의 기쁨'은 서로 깊이 연결되어 있습니다.

하나님의 영광을 위한 것이 곧 인간의 기쁨을 위한 것입니다. 하나님을 영화롭게 하는 것은 거듭난 사람에게 큰 기쁨을 주기 때문입니다. 신랑을 사랑하는 신부에게는 신랑 자체가 가장 큰 기쁨이기에 신랑을 영화롭게 할수록 신부의 기쁨이 커지는 것입니다.

---

[5] 에드워즈, 파이퍼, 『하나님의 영광을 위한 하나님의 열심』 제1권, 1장을 참고.

반대로 인간의 최고의 기쁨이 하나님이 될 때 하나님을 영화롭게 합니다. 우리가 우리에게 만족을 주는 다른 모든 것, 돈이나 성적 쾌락이나 권력, 다른 사람들의 인정 같은 것보다도 하나님을 더욱 원하고 그분 안에서 즐거워할 때 그분을 영화롭게 하는 것입니다.

하나님의 영광과 인간의 기쁨은 별개가 아닙니다. 하나님을 영화롭게 하는 것이 인간의 최고의 기쁨이 되며, 인간이 하나님 안에서 기쁨을 누리면 누릴수록 그분을 영화롭게 합니다. 하나님을 영화롭게 함으로써 최고의 행복을 누리는 것, 하나님 안에서 최고의 행복을 누림으로써 하나님을 영화롭게 하는 것, 이것이 인간의 궁극적인 목적입니다.

제6장

타락

지금까지 '창조'에 대해 나눈 내용을 간단히 정리해 봅시다. 하나님은 선함, 지혜와 능력, 사랑과 기쁨이 무한하신 거룩하신 분이십니다. 온 우주 만물은 그분의 영광을 나타내기 위해 창조되었습니다. 특히 하나님의 형상대로 창조된 인간은 하나님을 닮아 가는 가운데 그분의 영광을 나타내며, 그분을 찬송하기 위한 존재입니다.

이것이 창조의 본래 모습입니다. 하나님은 창조를 마치시고 이렇게 말씀하십니다.

> 하나님이 지으신 그 모든 것을 보시니 보시기에 심히 좋았더라 (창 1:31).

1. 사탄의 유혹

그러나 뱀의 등장과 함께 분위기가 바뀝니다. 기쁨과 평화의 동산에 간교한 뱀이 나타나면서 불안과 갈등의 조짐이 번지기 시작합니다. 뱀이 하와에게 이렇게 묻습니다.

> 하나님이 참으로 너희에게 동산 모든 나무의 열매를 먹지 말라 하시더냐(창 3:1).

오히려 하나님은 동산 모든 나무의 열매를 아담과 하와에게 주셨습니다. 다만 동산 중앙에 있는 선악을 알게 하는 나무의 열매만을 금하셨을 뿐입니다.

뱀의 교묘한 질문은 하와의 마음을 하나님이 풍성하게 주신 모든 것이 아니라 허락하지 않으신 한 가지, 선악과에만 집중하게 만듭니다. 뱀은 더 나아가 이렇게 말합니다.

> 뱀이 여자에게 이르되 너희가 결코 죽지 아니하리라(창 3:4).

하나님은 아담과 하와에게 동산의 모든 열매를 풍성하게 허락하셨지만, 선악과를 먹으면 반드시 죽는다고 말씀하셨습니다(창 2:16-17). 그러나 뱀은 하나님의 말씀이 거짓이라고 주장하는 것입니다.

뱀은 한 마디로 하나님이 '선하신' 분이 아니라고 말합니다. 뱀은 하와의 마음에 이 생각의 씨앗을 심음으로써 그의 믿음에 균열이 생기게 합니다.

> 창세기 3장 1절에서 뱀은 하나님이 동산의 모든 나무의 과실을 금하셨다고 말했지만 실상 하나님은 그러지 않으셨다. 이어 5절에서 뱀은 하나님에 대한 불순종이 자유를 줄 것이라고 부추겼지만, 이 또한 사실이 아니었다. 그럼에도 불구하고 인간은 뱀을 믿었고, 이 영적인 독, 즉 "뱀의 거짓말"이 우리 안에 깊숙이 침투해 하나님은 "제한적이고, 자기중심적이며, 이기적"이라는 생각과 함께, 그분은 우리의 온 마음과 관심을 쏟을 만큼 믿음직스러운 존재가 아니라는 생각을 심어놓았다.[1]

신앙은 덮어두고 하나님을 믿는 것이 아닙니다. '선하신' 하나님을 믿는 것입니다. 우리는 인색하고 거짓된 하나님이 아니라, 은혜로우시며 참되신 하나님을 믿는 것입니다. 사탄은 이 지점을 집요하게 공격합니다.

하나님에 대한 잘못된 관점은 믿음을 병들게 함으로써 사역도 지치게 합니다. 사탄은 이 연쇄작용의 첫 단계인

---

1 팀 켈러, 『설교』(*Preaching*), 채경락 역 (서울: 두란노서원, 2016), 75.

하나님에 대한 관점을 왜곡시키기 위해 모든 노력을 기울입니다.

2. 죄의 본질

하지만 사탄이 유일한 적은 아닙니다. 아담 이후의 모든 인간에게는 죄라는 적이 있습니다. 존경받는 성인에서부터 연쇄살인마까지 죄가 없는 사람은 한 사람도 없습니다.

> 모든 사람이 죄를 범하였으매 하나님의 영광에 이르지 못하더니 (롬 3:23).

그렇다면 죄란 무엇일까요?

죄를 피상적으로 이해하면 왜 그리스도께서 십자가에 못 박히셔야 했는지, 왜 지옥이 필요한 것인지, 왜 복음이 그토록 좋은 소식인지에 대해 피상적으로 이해할 수 밖에 없습니다. 그러므로 죄의 본질이 무엇인지 알아야 합니다.

> 하나님께서 그들을 그 상실한 마음대로 내버려 두사 합당하지 못한 일을 하게 하셨으니 곧 모든 불의, 추악, 탐욕, 악의가 가득한 자요 시기, 살인, 분쟁, 사기, 악독이 가득한 자요 수군수군

> 하는 자요 비방하는 자요 하나님께서 미워하시는 자요 능욕하는 자요 교만한 자요 자랑하는 자요 악을 도모하는 자요 부모를 거역하는 자요 우매한 자요 배약하는 자요 무정한 자요 무자비한 자라(롬 1:28-31).

이 구절은 인간에게 나타나는 모든 악한 것을 상세하게 폭로하고 있습니다. 그런데 본문의 맥락을 살펴보면 한 가지 원인에 의해 모든 죄악이 나타나게 됨을 알 수 있습니다. 성경은 그 근원에 대해 이렇게 말합니다.

> 그들이 마음에 하나님 두기를 싫어하매(롬 1:28).

이것이 죄의 본질입니다. 하나님을 마음에 두지 않는 근본적인 죄로 인해 모든 죄악이 열매 맺는 것입니다. 죄의 뿌리는 '불신앙'입니다.

다른 말로 하면 '우상숭배'입니다. 하나님을 마음의 중심에 두지 않는 것은 곧 자기를 위한 다른 것들을 마음의 중심에 두는 것이기 때문입니다. 돈이나 권력, 성적 욕망, 다른 사람의 인정 같은, 자기를 위한 다른 것들을 하나님보다 더 사랑하고 귀하게 여기는 것이 죄의 뿌리입니다.[2]

---

2   로마서 1장 28-31절을 근거로 인간의 모든 죄악이 불신앙 또는 우상

죄의 뿌리인 불신앙은 전혀 달라 보이는 두 가지 모습으로 나타납니다. 하나는 하나님을 대놓고 부정하는 모습이고, 다른 하나는 하나님을 열심히 믿는 것처럼 보이지만 실상은 그분을 사랑하는 것이 아니라, "그분의 것"만을 사랑하는 모습입니다. 이 두 가지 모습은 겉으로 보기엔 달라 보일지라도 본질상 다르지 않습니다. 둘 다 불신앙의 상태, 즉 하나님을 떠나 있는 상태입니다.[3]

> 살리에리는 순결과 자선에 부지런히 힘썼으나 결국 그것은 지독한 사욕의 산물이었다. 하나님과 빈민은 유용한 도구에 불과했다. 그는 가난한 이들과 하나님을 위해 시간과 돈을 희생한다고 되뇌었지만 사실 희생은 없었다. 다 자신을 위한 것이었고 명성과 큰 돈과 자존감을 얻기 위한 것이었다. 살리에리는 "모차르트 그 자가 나타나고부터 나 자신이 싫어졌다"라고 말한다.
>
> 하나님과 빈민을 섬겼어도 그는 그토록 탐하던 영광을 얻지 못했고, 이를 깨닫는 순간 마음에 살의를 품었다. 머잖아 점잖고 도덕적인 살리에리가 속되고 부도덕한 모차르

숭배라는 근본적인 죄로부터 열매 맺는다는 통찰은 존 파이퍼의 설교, '죄란 무엇인가'에서 많은 영향을 받았습니다.
[3] 이 두 가지 모습이 본질 상 다르지 않다는 통찰은 주로 팀 켈러의 책과 설교에서 많은 영향을 받았습니다.

트보다 더 큰 악을 저지를 수 있는 사람으로 변한다. 종교와 담을 쌓은 사람은 아마데우스('하나님께 사랑받는') 모차르트지만, 결국 하나님과 훨씬 더 멀어진 쪽은 독실한 살리에리다.[4]

이제 인간이 죄를 범한 최초의 사건으로 돌아가 봅시다. 에덴동산에는 온갖 종류의 풍성한 열매를 맺는 나무들이 있으며, 동산 중앙에는 선악과를 맺는 나무가 있습니다.

선악과 사건을 이해함에 있어서 중요한 것은 아담과 하와가 하나님의 말씀을 거역하게 된 동기입니다. 이 사건은 하나님의 명령 가운데 한 가지를 무심결에 어긴 사소한 일이 아니었습니다. 아담과 하와는 '하나님과 같이 되고 싶어서' 선악과를 먹은 것입니다.

> 뱀이 여자에게 이르되 … 너희가 그것을 먹는 날에는 너희 눈이 밝아져 **하나님과 같이 되어** … 여자가 그 나무를 본즉 먹음직도 하고 보암직도 하고 지혜롭게 할 만큼 탐스럽기도 한 나무인지라 여자가 그 열매를 따먹고 자기와 함께 있는 남편에게도 주매 그도 먹은지라 (창 3:5-6).

---

4 팀 켈러, 『탕부 하나님』(*The Prodigal God*), 윤종석 역 (서울: 두란노서원, 2016), 74.

하나님이 그분의 형상대로 인간을 창조하신 목적은 그분의 영광을 창조 세계에 나타내시기 위함입니다. 그러나 인간은 영광의 반사체가 아니라, 영광의 하나님 그 자체가 되고 싶었던 것입니다. 이것이 죄의 본질입니다.

하나님의 영광을 싫어하고 자기 영광을 사랑하여 하나님을 떠난 인간은 점점 부패하게 됩니다. 이것은 빛을 피해 어둠으로 들어간 것과 같은 것입니다(요 3:19).

하나님의 영광의 빛을 피해 우상의 어둠으로 들어간 인간은 습하고 어두운 지하실에서 곰팡이가 분열하여 온 벽면을 가득 채우듯, 더러운 죄악들로 가득해집니다(렘 17:9).

3. 죄의 결과

에덴 동산은 풍성하고 평화로운 낙원이었지만 온실은 아니었습니다. 그리고 동산을 지킬 책임이 있는 최초의 인간 부부의 반역은 결코 작은 일이 아니었습니다. 사탄의 유혹에 빠져 하나님께 반역한 죄의 대가는 죽음입니다(창 3:19).

성경에서 말하는 죄의 결과인 죽음은 수명이 다해서 목숨이 끊어지는 것만을 의미하지 않습니다. 아담과 하와는 선악과를 먹었지만 즉시 호흡이 끊어져 죽지는 않았습니다.

하지만 선악과를 먹는 순간 나무에서 떨어진 가지처럼 죽음의 상태에 처하게 되었습니다.

> 나는 포도나무요 너희는 가지라 … 그가 내 안에, 내가 그 안에 거하면 사람이 열매를 많이 맺나니 나를 떠나서는 너희가 아무 것도 할 수 없음이라 **사람이 내 안에 거하지 아니하면 가지처럼 밖에 버려져 마르나니** 사람들이 그것을 모아다가 불에 던져 사르느니라(요 15:5-6).

성경에서 말하는 죽음은 생명의 근원 되신 하나님과의 단절을 말합니다. 이 구절은 인간을 포도나무에 붙어 있는 가지로 묘사하고 있습니다. 생명이 포도나무의 뿌리로부터 가지로 공급되고, 이 생명력은 가지의 열매로 나타납니다.

가지가 포도나무에서 떨어져도 즉시 말라버리는 것은 아닙니다. 당장은 잎도 붙어 있고 살아 있는 것처럼 보입니다. 하지만 결국에는 말라 버리고 맙니다. 그리고 언젠가 한데 모아져 불에 던져질 것입니다.

성경에서 말하는 죽음은 하나님이라는 영원한 생수를 마시지 않고 우상이라는 바닷물을 마시는 것입니다(요 4:13-14). 이 바닷물은 마시면 마실수록 갈증이 나 결국 죽음에 이르는 물입니다. 이것이 하나님과의 관계가 깨어진 인간이 처한 죽음의 상태입니다.

> 만일 당신이 돈이나 물질을 예배한다면, 그리고 그것에서 인생의 참 의미를 찾고 있다면, 당신은 결코 충분히 가지지 못할 것이다. 아무리 가져도 부족하다고 느낄 것이다. 자신의 몸이나 외모, 성적 환상을 예배한다면 당신은 늘 자신이 못생겼다고 느낄 것이다. 그리고 나이가 들고 세월의 흔적이 몸에 나타나기 시작하면, 아직 무덤에 묻히기 전인데도 수만 번이나 죽음을 경험하게 될 것이다. 당신이 권력을 예배한다면 결국 약함과 두려움을 느끼게 될 것이다. 그리고 그 두려움을 무마시키기 위해서 더 많은 권력을 다른 사람들 위에 부리고 싶어질 것이다. 당신이 지성을 예배한다면 똑똑한 사람처럼 보이려고 애쓰겠지만 결국은 스스로가 멍청하다고 느낄 것이다. 그리고 언젠가 자신이 가짜라는 것을 들킬지도 모른다는 두려움 속에서 살아 갈 것이다. 그러나 이러한 종류의 예배에서 가장 불길한 것은 … 이것들이 무의식적으로 일어난다는 것이다. 이것들은 인간의 근본적 상태이다.[5]

하나님과의 관계가 깨어지면 자기 자신과의 관계도 깨어집니다. 하나님과의 관계가 깨어진 사람들은 하나님에게서 오는 영원한 안정감을 누릴 수 없으므로, 불안과 두려움,

---

[5] 팀 켈러, 『센터처치』, 66. 소설가 데이비드 포스터의 글 재인용.

수치심에 쉽게 장악됩니다. 아담과 하와가 자신을 더는 위대하신 하나님의 형상으로 여기지 않고, 수치스러운 존재로 생각하는 것처럼 말입니다.

> 이에 그들의 눈이 밝아져 자기들이 벗은 줄을 알고 무화과나무 잎을 엮어 치마로 삼았더라(창 3:7).

하나님과의 관계가 깨어지면 다른 사람들과의 관계도 깨어집니다. 사랑은 우리 안에서 저절로 생겨난 것이 아닙니다. 사랑은 하나님 안에서 시작되어 사람과 사람 사이로 흐르는 것입니다. 그러므로 하나님과의 관계가 깨어진 사람들은 다른 사람들에게 적대적이며 냉랭해지기 쉽습니다.

아담은 하와를 처음 보고 "이는 내 뼈 중의 뼈요 살 중의 살이라"(창 2:23)고 고백했지만, 선악과 사건 이후에 하와를 "그 여자"(창 3:12, NIV)라고 부르며 책임을 돌립니다. 이 장면에서 죄로 인해 최초의 가정이자 인간관계가 깨어지고 있음을 보게 됩니다.

> 아담이 이르되 하나님이 주셔서 나와 함께 있게 하신 여자 그가 그 나무 열매를 내게 주므로 내가 먹었나이다(창 3:12).

하나님과의 관계가 깨어지면 세계와의 관계도 깨어집니다. 아담과 하와는 이제 동산의 과일과 밭의 채소들을 풍성하게 누릴 수 없습니다. 땅은 소산물들을 쉽사리 내어 주지 않을 것이며, 그 결과 노동은 고역이 될 것입니다.

> 땅은 네게 가시덤불과 엉겅퀴를 낼 것이라(창 3:18).

인간의 죄는 인간에게만 영향을 주는 것이 아닙니다. 죄의 결과는 창조 세계 전체에 미칩니다. 성경은 인간의 죄로 인해 피조물이 함께 죄와 사망의 권세 아래에서 고통스럽게 탄식하고 있다고 말합니다.

> 그 바라는 것은 피조물도 썩어짐의 종노릇 한 데서 해방되어 … 피조물이 다 이제까지 함께 탄식하며 함께 고통을 겪고 있는 것을 우리가 아느니라(롬 8:21-22).

하나님은 온 우주 만물을 선하게 창조하셨지만 인간의 죄는 인간 자신뿐만 아니라 창조 세계 전체를 오염시켰습니다. 이제 창조의 모든 영역에서 죄와 사망의 권세로부터 자유로운 곳은 없습니다. 이것이 죄의 결과입니다.

제7장

하나님의 진노와 구속

1. 하나님의 진노

우리가 처할 수 있는 최악의 상황을 상상해 본다면 실직이나 이혼, 오랜 질병, 고통스러운 죽음 같은 것들을 떠올릴 것입니다. 하지만 성경은 인간이 처한 곤경에 대해 이런 것들과는 비교할 수 없을 만큼 심각하게 말합니다.

> 다만 네 고집과 회개하지 아니한 마음을 따라 진노의 날 곧 하나님의 의로우신 심판이 나타나는 그 날에 임할 진노를 네게 쌓는도다(롬 2:5).

성경은 죄의 궁극적인 결과가 하나님의 진노로, 죄인들이 종국에 하나님의 진노를 받게 될 것이라고 경고합니다.[1]

---

[1] 창조 세계에 나타나는 도덕적 타락, 빈곤, 전쟁 같은 죽음의 징후들

조나단 에드워즈의 '진노한 하나님의 손에 붙들린 죄인들'이라는 설교의 한 부분인 아래의 글은 성경을 근거로 하나님의 진노가 어떤 것인지 생생하게 전달하고 있습니다.

> 하나님께서 자신의 진노를 맹렬히 쏟으시겠다는 것은 어떠한 동정심도 없이 징벌하시겠다는 뜻입니다. 하나님께서 여러분이 말할 수 없는 고통을 당하는 것을 보실 때, 또 그 고통이 여러분의 기력을 완전히 무력하게 만드는 것을 보실 때, 그리고 여러분의 불쌍한 혼이 짓이겨지며 영원한 흑암 속으로 떨어지는 것을 보실 때 하나님은 여러분에게 어떠한 연민도 느끼지 않으실 것입니다. 하나님께서는 진노의 형벌을 가볍게 하지 않으실 것입니다.
> 이러한 일들은 계속 회개하지 않고 살아 간다면 여러분에게 임할 것입니다. 전능하신 하나님의 무시무시함이 말할 수 없는 고통으로 여러분에게 임할 것입니다. 그리고 그들은 전능자의 진노의 맹렬함이 어떠한 것인지를 보게 될 것입니다.

은 인간의 죄로 인한 하나님의 진노의 결과입니다. 그러므로 하나님의 진노는 이미 나타나고 있는 것입니다(롬 1:18). 하지만 성경은 또한 죄인들이 마지막 심판 때에 하나님의 진노를 받을 것이라고 분명히 말합니다(롬 2:5). 죄인들은 이미 하나님의 진노 아래 있으며 종국적으로 하나님의 진노를 받는 것입니다.

전능하신 하나님의 진노의 맹렬함을 잠깐 겪는 것도 무시 무시할 것입니다. 그러나 여러분은 영원토록 그 고통을 당해야만 합니다. 그 격렬한 고통은 끝이 없을 것입니다. 여러분이 앞을 내다볼 때, 여러분의 앞에는 영원하고 끝없이 긴 시간이 놓여 있음을 보게 될 것입니다. 여러분은 절대적이고 무자비한 보응과 씨름하면서, 고통을 겪으며 수억만 년을 보내야만 한다는 사실을 절감하게 될 것입니다. 그리고 여러분이 그러한 상태로 긴 세월을 지냈을 때, 지나간 고통의 시간이 남은 것에 비하면 한 점에 불과하다는 사실을 깨닫게 될 것입니다. 진실로 여러분에게 내려질 형벌은 영원한 것입니다.

하나님의 진노는 무서운 군대 선임이나 화난 직장 상사의 분노와는 다른 것입니다. 이것은 온 우주를 창조하신 전능하신 분께서 맹렬하게 쏟아부으시는 진노입니다. 이 형벌은 실로 막대하고 아득할 것입니다.

이러한 진노는 변덕스럽고 악의에 찬 분노가 아닙니다. 하나님의 진노는 "하나님께서 자신의 거룩함과 모순되는 것에 대해 느끼시는 거룩한 혐오감"[2]입니다. 거룩한 하나님께 죄는 전적으로 더러우며 이질적인 것입니다.

---

2   제임스 패커, 『하나님을 아는 지식』, 289.

> 주께서는 눈이 정결하시므로 악을 차마 보지 못하시며 (합 1:13).

하나님은 죄인을 가증하게 여기십니다(신 25:16). 여기서 가증하다는 것은 몹시 싫어하고 구역질 날 정도로 혐오하는 것을 의미합니다. 하나님은 죄만 미워하시는 분이 아닙니다. 하나님은 죄인을 몹시 혐오하십니다.

> 성경에 따르면 하나님은 죄를 미워하시고 죄를 짓는 사람들에게 증오심을 나타내신다. 사람들은 흔히 "하나님은 죄를 미워하시고, 죄인은 사랑하신다"고 말한다. 그러나 이 말은 성경의 가르침을 부인하는 것이다. 시편 저자는 성령의 영감을 받아 하나님이 죄를 미워하실 뿐 아니라 "모든 행악자를 미워하신다"(시 5:5)고 말했다.[3]

게다가 하나님은 공의로운 분이시므로 죄인을 반드시 벌하셔야 합니다. 재판장이 자신이 자비롭다는 이유로 살인범을 극형에 처하지 않고 그냥 풀어 준다고 생각해 봅시다. 이러한 자비는 살인범을 제외하고는 아무도 원하지 않을 뿐더러 그 판사를 아무도 선하다고 말하지 않을 것입니다.

---

[3] 폴 워셔, 『복음』, 210-211.

> 공의가 없는 선은 선이 아니다. … 하나님의 공의는 철저하게 죄인과 영원히 맞선다. 하나님은 너무 자애로워 불의한 자를 벌하지 못하신다는 막연하고 빈약한 희망은 수많은 양심을 치명적으로 마비시켰다. … 이러한 희망 때문에, 이들은 죽음이 날마다 더 가까워지는데도 회개하라는 명령을 무시한 채 마음대로 불의를 행한다.[4]

아마 이렇게 반문하실지 모르겠습니다.

"저는 살인이나 강도 같은 극악한 죄를 짓지 않았습니다. 왜 제가 그런 형벌을 받아야 합니까?"

이런 질문은 두 가지 생각에 기인한 것입니다.

첫째, 하나님이 죄를 용납하셔도 된다는 생각입니다.

하지만 하나님은 완전하신 분이시므로 죄를 넘어가실 수 없으십니다. 이것은 포용력의 문제가 아닙니다. 하나님이 만약 작은 죄라고 해서 아무런 대가 없이 용납하신다면 그 분께서 죄를 지으시게 되는 것입니다.

둘째, 내가 그렇게 심각한 죄인은 아니라는 생각입니다.

하지만 자신의 마음을 잘 살펴보십시오.

---

[4] A.W. 토저, 『하나님을 바로 알자』(*The Holy*), 전의우 역 (서울: 생명의말씀사, 1983), 160-162.

마음으로 살인과 간음과 도둑질을 하지 않습니까?

다만 실행에 옮기지 않았을 뿐입니다. 실행에 옮기지 않은 이유도 양심 때문이라기보다는 사회적인 체면이나 형벌 때문일 것입니다.

하나님의 형상을 가진 인간은 하나님의 영광을 나타내기 위해 창조되었습니다. 하지만 인간은 생각과 말과 행동으로 더러운 죄를 저지르며 창조 세계 가운데 하나님을 왜곡된 모습으로 나타내고 있습니다. 거룩하신 분을 타락한 존재로 나타내고 있는 것입니다. 하나님은 이러한 죄인들에게 진노의 심판을 준비하십니다.

> 하나님의 형상을 지닌 우리가 죄를 짓는다는 것은, 곧 우리가 다스리는 공중의 새와 땅의 짐승들을 비롯한 자연 만물과 온 땅과 하늘을 향해 "이것이 하나님의 모습이다. 이것이 너희 창조주가 하는 행동이다. 이 거울을 보라. 우리를 보라. 그러면 전능자가 어떤 성품을 지니고 있는지를 알 것이다"라고 말하는 것이나 다름없다. "하나님은 복수심이 강하다. 하나님은 살인자요 도둑이요 비방하는 자요 간음하는 자이다. 우리가 행하는 이 모든 것이 바로 하나님이 어떤 분이신지를 보여 준다"라고 말하는 것과 같다.[5]

---

5 R.C. 스프롤, 『하나님의 거룩하심』(*The holiness of God*), 조계광 역 (서

2. 구속

여기서 모든 이야기가 끝난다면 우리에게 아무런 희망이 없을 것입니다. 하나님이 부패한 세계를 진멸하실 것이고, 역사는 거기서 끝이 날 것이기 때문입니다.

그러나 역사는 여기서 끝나지 않습니다. 하나님은 죄인을 미워하시지만, 또한, 사랑하시기 때문입니다. 하나님은 창조 세계를 사랑하시기 때문에 버리시는 것이 아니라 구원하고자 하십니다.

하지만 문제는 단순하지 않습니다. 왜냐하면, 죄에는 반드시 대가가 따르기 때문입니다. 죄의 대가는 저절로 사라지거나, 잊히거나, 덮어지는 것이 아닙니다.

> 죄의 삯은 사망이요(롬 6:23).

우리는 죄를 용서받는 경우에는 죄의 대가가 발생하지 않는 것으로 생각하지만 그렇지 않습니다. 누군가 당신에게 죄를 지었는데 그것을 용서한다는 의미는 그 대가를 당신이 감당하는 것을 의미합니다. 죄의 대가는 저절로 사라질 수 없고 누군가에 의해서 반드시 치러져야 하는 것입니다.

울: 지평서원, 2013), 142.

이런 배경에서 '구속'이라는 말의 의미를 이해할 수 있습니다. 이것은 본래 노예를 거래하는 시장에서 유래한 용어로, 대가를 치르고 노예를 사 오는 것을 의미합니다.

이 구속이라는 용어는 성경에서 말하는 구원이 어떤 것인지 잘 묘사해 줍니다. 하나님은 인간이 범한 죄의 대가를 대신 치르시고, 죄의 종노릇하는 창조 세계를 다시 사 오심으로써 구원하시는 것입니다.

성경의 대부분은 하나님이 창조 세계를 구속하시는 기사라고 해도 과언이 아닙니다.

이 역사는 하나님이 이스라엘이라는 한 민족을 선택하시고 이끌어 가시는 것으로 본격화됩니다. 하나님은 노아, 아브라함, 모세, 다윗과 같은 인물들과 언약을 맺으시며, 이들을 통해 이스라엘을 인도하시고 다스리십니다.

하지만 이스라엘은 숱한 불순종 가운데 언약을 깨뜨리고 하나님의 다스림을 거부했습니다. 그들은 하나님의 백성으로서 온 열방 가운데 하나님의 영광을 나타내는 사명을 성취하지 못했습니다.

이스라엘은 실패했지만, 하나님은 창조 세계를 포기하지 않으십니다. 이스라엘의 실패 위에 하나님의 아들이신 그리스도께서 이 땅에 오셨습니다.

이 땅에 오신 그리스도께서는 십자가에서 자신의 생명을 내어주심으로써 죄의 대가를 대신 치르셨습니다. 죄는 하나님의 의로우신 진노를 불러일으켰으나, 그리스도께서는 십자가에서 그분의 진노를 대신 받으셨습니다. 그리스도께서는 이렇게 십자가에서 구속을 성취하셨습니다.

이제 새로운 시대가 열렸습니다. 죄의 대가는 치러졌고 온 열방 가운데에 구원의 길이 열렸습니다. 이제 구원받은 자들은 구속의 복음을 전파하며, 하나님의 백성으로서 그분의 영광을 나타내는 삶을 살아 가야 합니다.

이 일을 위해 교회가 부르심을 받았습니다. 성령의 인도하심을 따라 교회는 역사의 끝에 그리스도께서 재림하셔서 모든 만물을 완전히 구속하시는 그날까지 이 사명을 감당해야 합니다.

복음을 이해하기 위해서는 구속을 이해해야 합니다. 이제 구속에 대해 나눌 것입니다. 이 장엄한 기사를 '이스라엘', '예수 그리스도', '성령', '교회', '재림, 심판, 완성'으로 나누어 살펴보도록 하겠습니다.[6]

---

[6] '구속'은 엄밀한 의미에서 대가를 지불하고 구원을 얻는 일을 말하지만, 더 넓은 의미로 하나님이 구원을 위해 행하시는 전반적인 활동으로 이해되기도 합니다.

제8장

이스라엘

하나님이 죄인들을 정죄하셔야 하는 동시에 그들을 사랑하신다는 긴장 가운데 역사는 이어집니다. 인간의 죄로 인해 창조 세계가 부패하였지만, 하나님은 포기하지 않으시는 열심으로 그들에게 다가가십니다. 이 오랜 열심은 이스라엘을 선택하시고 이끌어 가시는 역사를 통해 잘 나타납니다. 이 방대한 내용을 언약이라는 개념을 중심으로 살펴보도록 하겠습니다.

1. 언약이란 무엇인가

성경에서 말하는 언약의 중심적인 의미는 하나님이 주권적으로 세우시고 유지하여 나가시는 '관계'입니다.

> 언약에 대한 두 곳의 언급(창 9:1-3, 8-17)에서 모두 하나님

께서 주도권을 쥐시고 창조계의 유익을 위해 작용하는 어떤 '관계'를 세우십니다. 그리고 매번 이것을 가리켜 하나님은 '내 언약'이라고 하십니다.[1]

우리의 삶에서 언약을 이해할 수 있는 좋은 통로는 결혼입니다. 부부라는 특별한 관계는 결혼 언약으로 성립되고, 부부는 언약을 지키는 것을 통해 서로에 대한 사랑을 표현합니다. 사랑은 열정적인 감정보다도 언약을 지키기 위한 열심을 통해 더 잘 나타납니다.

하나님은 은혜로 택하신 자들과 언약을 맺으시고 그 관계를 지켜 나가십니다. 그분께서는 언약을 통해 구원 역사를 이끌어 가시며, 창조 세계를 향한 사랑과 신실하심을 나타내십니다.

성경은 처음부터 끝까지 언약에 관한 내용으로 가득합니다. 하나님은 노아, 아브라함, 모세, 다윗과 언약하셨을 뿐만 아니라 예레미야 같은 선지자들을 통해 새 언약을 계시하시고 궁극적으로 그리스도 안에서 성취하십니다.

이번 장에서는 성경의 핵심적인 다섯 언약, '노아 언약', '아브라함 언약', '시내산 언약', '다윗 언약', '새 언약'을

---

[1] 그래함 골즈워디, 『복음과 하나님의 계획』(*According to plan*), 김영철 역 (서울: 성서유니온선교회, 1994), 180.

중심으로 구약성경을 개관해 보는 시간을 갖도록 하겠습니다. 잊지 말아야 할 것은 구약성경은 복음과 별개가 아니라는 것입니다. 구약성경의 흐름을 알아야 복음이 의미하는 바를 깊이 이해할 수 있습니다.

2. 노아 언약

아담의 타락 이후 죄의 양상은 갈수록 심각해집니다. 아담의 아들 가인이 동생 아벨을 죽인 사건은 죄가 얼마나 빠른 속도로 악화될 수 있는지 보여 줍니다. 죄가 이 땅에 가득해지자 하나님은 이렇게 말씀하십니다.

> 여호와께서 사람의 죄악이 세상에 가득함과 그의 마음으로 생각하는 모든 계획이 항상 악할 뿐임을 보시고 … 이르시되 내가 창조한 사람을 내가 지면에서 쓸어버리되 사람으로부터 가축과 기는 것과 공중의 새까지 그리하리니 (창 6:5, 7).

이 땅에 가득한 죄악은 하나님의 의로운 진노를 불러일으키기에 충분했고, 하나님은 온 땅을 홍수로 진멸하시기로 작정하셨습니다.

하지만 하나님이 창조하신 모든 것을 폐기하기로 하신

것은 아닙니다. 하나님은 은혜로 노아의 가정을 택하시고, 이 가정을 통해 창조 세계를 새롭게 시작하기로 하십니다.

> 내가 홍수를 땅에 일으켜 무릇 생명의 기운이 있는 모든 육체를 천하에서 멸절하리니 땅에 있는 것들이 다 죽으리라 **그러나 너와는 내가 내 언약을 세우리니** 너는 네 아들들과 네 아내와 네 며느리들과 함께 그 방주로 들어가고(창 6:17-18).

하나님은 노아와 언약을 세우십니다. 이 언약의 내용은 하나님이 인간의 악함과 반역에도 불구하고, 세계를 다시 진멸하지 않으시겠다는 것입니다.

> 내가 전에 행한 것 같이 모든 생물을 다시 멸하지 아니하리니 (창 8:21).

이 언약은 땅의 모든 생물에게 세운 언약(창 9:10)으로서 창조 세계에 대한 하나님의 마음을 보여 준다는 점에서 이후의 언약들을 이해하는 토대가 됩니다.

이 언약에 담긴 하나님의 마음은 창조 세계를 향한 포기하지 않으시는 열심입니다. 하나님은 세계가 부패했다고 버리시는 것이 아니라 오히려 놀라운 열심으로 새롭게 회복시키고자 하십니다.

하지만 회복은 쉽게 찾아오지 않습니다. 노아로부터 시작된 인류는 오히려 집단적이고 노골적인 형태로 아담의 반역을 되풀이합니다.

> 자, 성읍과 탑을 건설하여 그 탑 꼭대기를 하늘에 닿게 하여 **우리 이름을 내고**(창 11:4).

"하나님과 같이 되"(창 3:5)고 싶어 하는 아담과 하와의 죄가 바벨탑 사건에서 "우리 이름을 내고"라는 다른 표현으로 나타납니다. 이것이 죄의 본질입니다. 인간은 하나님의 영광이 아니라 자신의 영광을 구하기 때문에 구원의 길로 나아가지 못합니다.

> 바벨은 인간 문화의 결정판이 되기는커녕, 창조주에 대항하여 자력으로 살아 가려는 인간이 맞이한 실패의 결정적인 상징이 되었다. … 여기서 우리는 선악을 알게 하는 나무의 과실을 먹는 일이 반복되는 것을 본다. 하지만 이번에는 그 규모가 훨씬 크다.[2]

---

[2] 크레이그 바르톨로뮤, 마이클 고힌, 『성경은 드라마다』(*Drama of Scripture, The Finding Our Place in the Biblical Story*), 김명희 역 (서울: IVP, 2009), 74.

노아로부터 시작된 인류에게도 희망이 보이지 않습니다. 점점 타락해가는 세상에서 하나님은 한 사람을 부르십니다. 그분께서 은혜로 택하신 사람은 아브라함입니다.

3. 아브라함 언약

이제 하나님은 이방 신을 섬기고 있는 가정에서 아브라함을 택하십니다(수 24:2; 느 9:7). 하나님은 은혜로 그를 택하시고 그와 언약을 맺으십니다.

> 여호와께서 아브람에게 이르시되 너는 너의 고향과 친척과 아버지의 집을 떠나 **내가 네게 보여 줄 땅으로 가라 내가 너로 큰 민족을 이루고 네게 복을 주어** 네 이름을 창대하게 하리니 너는 복이 될지라 너를 축복하는 자에게는 내가 복을 내리고 너를 저주하는 자에게는 내가 저주하리니 **땅의 모든 족속이 너로 말미암아 복을 얻을 것이라** 하신지라(창 12:1-3).

이 언약을 통해 하나님은 아브라함에게 '땅'과 '후손'과 '복'을 약속하십니다.[3] 아래 구절은 아브라함에게 약속하신 땅과 후손과 복이 무엇인지 구체적으로 말해 줍니다.

> 내가 너로 심히 번성하게 하리니 **내가 네게서 민족들이 나게 하며 왕들이 네게로부터 나오리라** 내가 내 언약을 나와 너 및 네 대대 후손 사이에 세워서 영원한 언약을 삼고 너와 네 후손의 하나님이 되리라 내가 너와 네 후손에게 네가 거류하는 **이 땅 곧 가나안 온 땅을 주어** 영원한 기업이 되게 하고 **나는 그들의 하나님이 되리라**(창 17:6-8).

먼저 땅에 대한 약속을 살펴봅시다. 하나님은 아브라함과 그의 후손에게 가나안 온 땅을 약속하십니다. 그러나 약속은 쉽게 성취되지 않습니다. 아브라함의 손자인 야곱 때에 가나안 땅을 떠나 애굽 땅에 정착하게 되면서 가나안 온 땅을 차지하리라는 하나님의 약속은 요원해지는 것처럼 보입니다.

---

[3] 아브라함 언약의 내용을 더 세분화해서 이해하는 경우도 많지만, 여기서는 땅과 후손과 복이라는 명쾌하고 이해하기 쉬운 카테고리를 적용하였음. 땅과 후손과 복으로 성경의 흐름을 이해하는 방식과 관련해서 토마스 슈라이더, 『언약으로 성경읽기(*Covenant and God's Purpose for the world*)』, 임요한 역 (서울: CLC, 2020)을 참고함.

후손에 대한 약속과 관련해서 하나님은 아브라함의 후손들이 큰 민족을 이루고, 그들 가운데서 왕들이 나올 것이라고 약속하십니다. 하지만 창세기가 끝날 무렵에도 야곱과 그의 집 사람 칠십 명이 기근을 피해 애굽에 겨우 정착했을 뿐입니다. 형제 사이의 갈등의 조짐은 여전히 남아 있으며, 애굽의 왕이 언제까지 이들에게 호의적일지 모르는 불안한 상황입니다.

마지막으로 복에 대한 약속을 살펴보겠습니다. 창세기 12장 1-3절에 나오는 복의 의미를 알기 위해 17장 6-8절을 보면 12장 1-3절에서 아브라함에게 복을 주시고, 그가 복이 되게 하시고, 땅의 모든 족속이 복을 얻게 하신다는 약속과 병행이 되는 부분은 "나는 그들의 하나님이 되리라"는 약속임을 알 수 있습니다. 하나님이 우리의 하나님이 되시는 것, 이것이 참된 복입니다.

복에 대한 약속도 아직 갈 길이 멀어 보입니다. 창세기는 아브라함, 이삭, 야곱 그리고 야곱 자손의 불신앙의 사건으로 가득합니다. 이들은 다양한 방식으로 하나님의 '하나님 되심'을 거부하고 있습니다. 하지만 하나님은 이들을 포기하지 않으십니다.

4. 출애굽 사건과 시내산 언약

야곱의 가족이 애굽의 고센 땅에 정착한 지 오랜 세월이 지났습니다. 이제 야곱의 후손들은 애굽 사람들의 노예로 살고 있는 처지입니다. 하지만 이런 상황에서도 그들은 큰 민족을 이루었으며, 가나안 땅은 그 땅에 사는 족속들의 죄악으로 가득 찼습니다.

이제 하나님의 때가 되었습니다. 하나님은 야곱의 후손들, 즉 이스라엘 민족을 애굽 땅에서 구원해내시며 가나안 족속을 심판하실 것입니다. 하나님이 아브라함에게 약속하신 대로 이스라엘 민족이 가나안 온 땅을 차지할 날이 머지않아 보입니다.

여기서 한 가지 의문점을 해결하고 넘어가겠습니다.

하나님은 왜 이스라엘 백성이 오랜 세월 애굽 사람들에게 종살이하도록 허락하셨을까요?

오랜 세월을 기다리게 하신 이유는 가나안 족속들이 심판을 받아야 할 만큼 죄가 가득해져야 했기 때문입니다(창 15:16). 하지만 여전히 이해되지 않는 부분이 있습니다.

이스라엘은 꼭 애굽에서 고통스러운 종살이를 겪어야 했을까요?

출애굽 사건은 단지 하나의 역사적 사건으로 축소되지 않습니다. 이 사건을 통해 하나님은 구속을 계시하십니다.

이스라엘 민족에게 오랜 노예 생활을 허락하신 중요한 이유는 이스라엘의 역사를 통해 구속의 의미를 나타내시기 위함입니다.

> 이 출애굽 사건에 계시된 구속의 요소들을 살펴보면 우리는 하나님께서 왜 요셉과 그의 형제들을 애굽으로 인도해 오셨는지 그 이유를 알 수 있습니다. 약속된 땅과 자유를 얻고 하나님의 백성이 되는 일은 단순히 국경을 넘어 하나님 나라로 걸어 들어가는 일은 아니며, 더구나 우리가 그 나라 안에 저절로 출생할 수는 없는 일입니다.
> 선택된 백성인 이스라엘 사람들조차도 본질적으로는 하나님 나라에 관해서는 이방인이며 여행자들인 것입니다. 왜냐하면, 그들 역시 에덴 밖에서 난 아담의 자녀들이기 때문입니다.
> 하나님께서는 자신의 구속 목적을 이스라엘의 역사라는 맥락 안에서 계시하기로 정하셨습니다. 이처럼 애굽에서의 노예 생활과 출애굽은 인류가 악의 세력에게 노예(포로) 상태로 있다는 사실과 하나님의 백성을 이 끔찍한 노예 상태에서 구원해내시는 데에 하나님 그분의 권능적인 사역이 필요하다는 사실을 예증하는 것입니다.[4]

---

4   골즈워디, 『복음과 하나님의 계획』, 215-218.

애굽에서의 노예 생활은 죄와 사망의 권세 아래 있는 인간의 상태가 영적으로 속박된 상태, 즉 노예 상태임을 나타냅니다(요 8:34; 히 2:15).

또한, 노예 생활과 출애굽 사이에 있는 유월절 사건은 죄의 대가가 유월절 어린 양이신 그리스도의 피로 치러졌고 그분의 죽음의 효력을 믿는 모든 사람이 죄와 사망의 권세로부터 해방되어 구원을 누리게 됨을 나타냅니다. 이렇게 출애굽 사건은 구속의 의미를 생생하게 전달합니다.

> 너희 어린 양은 흠없고 일 년된 수컷으로 하되 … 그 피를 양을 먹을 집 좌우 문설주와 인방에 바르고 … 내가 애굽 땅을 칠 때에 그 피가 너희가 사는 집에 있어서 너희를 위하여 표적이 될지라 내가 피를 볼 때에 너희를 넘어가리니 재앙이 너희에게 내려 벌하지 아니하리라(출 12:5, 7, 13).

출애굽 이후 하나님은 이스라엘 민족을 시내산으로 인도하시고 이곳에서 이스라엘과 언약을 맺으십니다. 이것이 시내산 언약입니다. 우리가 옛 언약이라고 부르는 것은 좁은 의미에서 이 언약을 말하는 것입니다.

> 세계가 다 내게 속하였나니 너희가 내 말을 잘 듣고 내 언약을 지키면 너희는 모든 민족 중에서 내 소유가 되겠고 너희가 내게

대하여 **제사장 나라**가 되며 **거룩한 백성**이 되리라 너는 이 말을 이스라엘 자손에게 전할지니라(출 19:5-6).

이 언약에서 땅, 후손, 복에 대한 언어가 제사장 나라, 거룩한 백성이라는 언어로 구체화 됩니다. 이 언약을 통해 알 수 있는 것은 하나님은 이스라엘이 먼저 그분의 다스림을 받는 나라가 되고, 이스라엘을 통하여 창조 세계 전체가 그분의 나라가 되기를 바라셨다는 것입니다. 하나님은 이런 방식으로 아브라함에게 주어진 복이 온 열방 가운데 전파 되고, 향유 되기를 원하신 것입니다.

> 이스라엘은 "야웨와 언약 관계에 있으면 그 백성이 어떻게 변하는지를 세상에 보이는 전시-백성, 진열품"이 될 것이다. 이스라엘 백성들이 하나님께 순종할 때 그들은 하나님의 통치 아래 사는 삶이 어떤 것인지를 보이게 될 것이다. 그러면 모든 민족은 자신들을 향한 하나님의 계획을 엿볼 수 있을 것이다. 가정생활, 법, 정치, 경제, 여가 활동을 포함한 이스라엘의 경험 전체에, 하나님의 성품과 인간 삶을 향한 하나님의 원래 창조 목적이 반영될 것이다. 하나님 아래서 살아 가는 이스라엘의 삶은, 하나님의 백성 안에 하나님의 살아 있는 임재를 증거하는 것이다.
> 그렇게 온전하고 풍요로운 인간의 삶을 바라보며 이 땅의

모든 족속이 매료될 것이다. 이런 식으로 이스라엘은 모든 민족에게 복이 되리라는 아브라함의 언약을 성취할 것이다. 거룩한 백성과 제사장 나라가 되라는 부르심에 충실한 길은, 이스라엘이 아브라함의 역할을 계속해서 잘 수행하고, 그럼으로써 창세기 12:1-3의 약속이 성취되는 방식을 보여 주는 것이다.[5]

창조 세계 전체가 복을 누리며 하나님의 나라로서 그분의 영광을 나타내기 위해서는, 먼저 이스라엘 안에서 그분의 다스림이 이루어져야 합니다. 즉 이스라엘이 먼저 제사장 나라가 되고 거룩한 백성이 되어야 하는 것입니다.

5. 언약과 순종

그렇다면 어떻게 이 목적이 성취될 수 있을까요?
"너희가 내 말을 잘 듣고 내 언약을 지키면"이라는 구절에 나타나 있듯이 이것을 위해 이스라엘에게 필요한 것은 '순종'입니다.
시내산 언약의 핵심은 하나님이 친히 두 돌판에 새겨 주

---

[5] 바르톨로뮤, 고힌, 『성경은 드라마다』, 93-94.

신 십계명을 중심으로 한 율법입니다. 하나님은 이스라엘에게 그분의 법을 알려주셨습니다. 이제 남은 것은 이 법에 순종하는 것입니다. 이스라엘이 순종한다면 복을 받고 온 열방 가운데 하나님의 영광을 나타내는 민족이 될 것이지만, 불순종한다면 저주를 받고 온 열방 가운데 조롱거리가 될 것입니다(신 28장).

하지만 이스라엘의 행보는 시작부터 불안합니다. 모세가 하나님을 뵈러 산에 있는 동안 그들은 제사장 아론을 압박하여 하나님을 대신할 금송아지를 만듭니다. 이것은 십계명의 첫째 계명과 둘째 계명에 대한 명백한 거역으로 이스라엘이 얼마나 빠르고 심각하게 하나님으로부터 돌아설 수 있는지 보여 줍니다.

이러한 불순종은 광야 생활 내내 나타나다가 가나안 정탐꾼 사건으로 절정에 다다릅니다. 특별히 이 사건은 이스라엘의 불순종이 어디로부터 기인했는지 명확하게 보여 줍니다. 그들은 하나님을 믿을 수 없었기 때문에 그분의 명령에 따를 수 없었던 것입니다. 불순종의 뿌리는 불신앙입니다.

결국, 여호수아와 갈렙을 제외한 광야 1세대는 가나안 땅에 들어가지 못하고 광야에서 죽게 됩니다.

모세 사후 여호수아를 리더로 하여 광야 2세대는 가나안의 거점들을 확보하지만, 이 땅에 들어온 이후에도 이스라엘의 불순종은 계속됩니다.

구약성경은 이스라엘의 불순종과 회개에 대한 기사로 가득합니다. 하나님은 공의의 하나님이시기에 이스라엘의 불순종을 심판하십니다. 하지만 하나님은 인자와 긍휼의 하나님이시기에 이스라엘이 회개할 때 그들을 구원하여 주십니다. 이런 패턴은 이스라엘 역사 내내 반복됩니다.

구약성경 전체에 걸친 이러한 패턴을 압축적으로 잘 보여주는 책이 사사기입니다. 하나님은 이스라엘의 끊임없는 불순종에도 열두 번이나 사사를 보내셔서 이스라엘을 구원하십니다. 하지만 이스라엘의 죄악은 갈수록 심각해져 갑니다.

그리고 이 책의 마지막은 이렇게 끝이 납니다.

> 그 때에 이스라엘에 왕이 없으므로 사람이 각기 자기의 소견에 옳은 대로 행하였더라(사 21:25).

시간이 흘러 이스라엘은 당시의 사사였던 사무엘에게 왕을 세워주기를 요청합니다. 이제 이스라엘은 왕정으로 전환하게 되고, 첫 번째 왕으로 사울이 즉위하게 됩니다.

하지만 그는 두 가지 잘못을 저지르게 되는데, 하나는 블레셋과의 전쟁을 준비할 때 사무엘의 제사장 역할을 대신한 것이고, 다른 하나는 아말렉과의 전쟁에서 그들을 진멸하지 않은 것입니다.

그는 다른 상황에서 다른 잘못을 한 것처럼 보이지만 실상은 두 가지 상황에서 모두 불순종이라는 죄를 지었습니다. 그는 하나님의 말씀보다 자기 소견을 우선시했기 때문에 순종할 수 없었습니다.

사사기의 마지막 구절로 돌아가 봅시다. 사사기는 이스라엘이 멸망으로 치닫고 있는 원인으로 왕이 없어 자기 소견대로 행한 것을 강조합니다. 그리고 이후의 성경은 사울과 다윗, 솔로몬을 비롯한 왕들에 관한 기사를 보여 줍니다.

이 내용의 초점은 이들이 어떤 업적을 이루었는지에 대한 것이 아니라, 이들이 어떻게 하나님을 신뢰하고 그분께 순종했는지에 대한 것입니다.

결국, 성경은 무엇을 말하고자 하는 것인가요?

하나님은 그분을 신뢰하고 그분께 순종하는 왕을 원하신다는 것입니다.

왕이 불순종하여 자기 소견대로 나라를 다스리면 온 열방 가운데 자기 나라와 자기 영광만을 나타내는 것입니다. 이런 모습은 하나님의 목적, 즉 창조 세계 가운데 하나님의 나라를 완성하고 그분의 영광을 나타내는 그분의 목적과 완전히 상충되는 것입니다.

왕은 하나님의 다스림을 이 땅에 실현하고, 온 열방에 그분의 영광을 나타내는 대리자입니다. 그러므로 하나님이 기뻐하시는 왕의 필수 조건은 순종입니다. 역설적으로 왕은 철저히 종이 될 때 진정으로 왕이 될 수 있는 것입니다.

성경에서 다윗은 이 기준에 가장 부합한 왕일 것입니다. 하나님은 그를 내 마음에 맞는 사람이라 칭하시고(행 13:22), 그 이후 모든 왕의 모범으로 삼으십니다(왕하 14:3; 16:2).

사무엘서를 읽으면 그의 심각한 오점에도 불구하고(삼하 11, 24장) 그가 얼마나 하나님을 신뢰하고 사랑했는지 느낄 수 있습니다. 다윗은 하나님 안에서 진정으로 기뻐하며 그분을 깊이 사랑하는 사람이었습니다(삼상 17:45). 그는 하나님을 신뢰하고 사랑했기 때문에 그분께 순종할 수 있었습니다.

> **나의 계명을 지키는 자라야 나를 사랑하는 자니** 나를 사랑하는 자는 내 아버지께 사랑을 받을 것이요 나도 그를 사랑하여 그에게 나를 나타내리라(요 14:21).

6. 다윗 언약

이제 하나님은 선지자 나단을 통해 다윗과 언약을 맺으십니다(삼하 7:8-16). 이것이 나단 신탁이라고 불리는 다윗 언약입니다.

> 네 집과 네 나라가 내 앞에서 영원히 보전되고 네 왕위가 영원히 견고하리라 하셨다 하라(삼하 7:16).

이 언약이 중요한 이유는 아브라함 언약과 시내산 언약에 나타난 하나님의 뜻이 계승되기 때문입니다. 아브라함에게 계시된 땅과 후손과 복에 대한 언약이 모세와 이스라엘 민족에 이르러 제사장 나라와 거룩한 백성이라는 언약으로 구체화되고 다윗에 이르러 그의 후손의 영원한 나라에 대한 언약으로 계승됩니다(시 89:28-29; 132:12).

이제 이스라엘은 장밋빛 미래를 바라보고 있습니다. 그들이 하나님의 다스림을 받고, 그들을 통해 땅의 모든 족속이 복을 얻게 될 날이 머지 않아 보입니다.

실제로 다윗과 솔로몬에 이르러 아브라함에게 약속된 땅과 후손과 복이 일차적으로 성취되었다고 말할 수 있습니다. 이때 "애굽강에서부터 그 큰 강 유브라데까지"(창 15:18) 하나님이 허락하신 땅이 성취되었고(왕상 4:21), 이스라엘은 강성한 나라를 이룹니다. 그리고 솔로몬이 예루살렘에 성전을 건축하고 언약궤를 그곳에 두었을 때 하나님의 영광이 성전에 가득했는데(왕상 8:11), 이것은 하나님이 이스라엘 가운데 거처를 마련하셨다는 것을 의미합니다.[6]

그렇다면 이제 언약은 온전히 성취된 것일까요?

이스라엘은 온 열방 가운데 하나님 나라의 모습을 보여줄 수 있을까요?

---

6 이 문단의 내용은 바르톨로뮤, 고힌, 『성경은 드라마다』, 136을 참고.

머지않은 미래에 창조 세계는 하나님의 복된 다스림을 받으며 그분의 영광을 나타낼 수 있을까요?

하지만 이러한 기대는 오래가지 않습니다. 사실 다윗과 솔로몬의 삶에서 이미 언약을 위협하는 모습들이 나타나기 시작합니다. 특히, 솔로몬은 수많은 이방 공주들과 결혼했는데 이들이 자기 나라의 우상을 이스라엘에 들여오게 되고, 그 결과 솔로몬 집권 후기에 이르러서는 이스라엘에 우상숭배가 만연하게 됩니다. 게다가 무리하게 추진된 토목공사는 백성들의 원성을 사게 되고 결국 이 일을 빌미로 이스라엘은 북이스라엘과 남유다로 분열됩니다.

이제 이스라엘은 다윗과 솔로몬 시대의 번영을 뒤로 한 채 쇠락의 길로 접어들고 있습니다. 멸망의 조짐은 북이스라엘에서 먼저 나타나지만, 남유다도 크게 다르지 않아 보입니다. 물론 남유다에서 히스기야와 요시야 같은 하나님을 경외하는 왕들이 나오지만, 판도를 뒤집기엔 역부족입니다. 결국, 북이스라엘은 앗시리아에 의해, 남유다는 바벨론에 의해 멸망당하게 됩니다.

7. 새 언약

이제 이스라엘은 완전히 끝난 것처럼 보입니다. 예루살렘은 폐허가 되었고 성전은 파괴되었으며 백성들의 상당수는 포로로 끌려갔습니다.

이스라엘은 왜 이렇게 되었을까요?

이스라엘은 시내산 언약의 바탕이 되는 율법을 끊임없이 위반했습니다. 특히 바알과 아세라 같은 우상을 숭배하는 죄를 끊지 못했습니다. 그들은 풍요와 쾌락을 준다고 약속하는 우상의 유혹을 끊어내지 못하고, 간음하는 아내처럼 그것들을 음란하게 섬겼습니다. 이스라엘은 스스로 멸망을 자초한 것입니다.

여기서 놀라운 사실은 하나님이 이미 모세 때에 이스라엘이 하나님과의 언약을 어겨 멸망을 자초할 것이라고 말씀하셨다는 것입니다. 하나님은 이스라엘의 불순종으로 인해 그들을 버리실 것을 이미 아셨습니다.

> 또 여호와께서 모세에게 이르시되 너는 네 조상과 함께 누우려니와 이 백성은 그 땅으로 들어가 음란히 그 땅의 이방 신들을 따르며 일어날 것이요 나를 버리고 내가 그들과 맺은 언약을 어길 것이라 **내가 그들에게 진노하여 그들을 버리며**(신 31:16-17).

그러므로 하나님은 이스라엘의 죄와 반역에 좌절하지 않으십니다. 이스라엘은 멸망당했지만, 하나님은 그들의 패망을 끌어안으시고, 은혜로 예비하신 새 언약을 나타내십니다.

> 여호와의 말씀이니라 보라 날이 이르리니 **내가 이스라엘 집과 유다 집에 새 언약을 맺으리라** 이 언약은 내가 그들의 조상들의 손을 잡고 애굽 땅에서 인도하여 내던 날에 맺은 것과 같지 아니할 것은 내가 그들의 남편이 되었어도 그들이 내 언약을 깨뜨렸음이라 여호와의 말씀이니라 **그러나 그날 후에 내가 이스라엘 집과 맺을 언약은 이러하니 곧 내가 나의 법을 그들의 속에 두며 그들의 마음에 기록하여 나는 그들의 하나님이 되고 그들은 내 백성이 될 것이라 여호와의 말씀이니라**(렘 31:31-33).

이스라엘의 실패 위에서 하나님은 새 언약을 말씀하십니다. 그리고 새 언약은 이스라엘이 실패한 옛 언약과 같지 않을 것이라고 말씀하십니다.

시내산 언약은 이스라엘이 율법에 순종하면 복을 받고 불순종하면 저주를 받을 것이라고 말합니다. 하지만 그들은 이 사실을 몰랐던 것이 아니라 이것을 지킬 마음도, 능력도 없었습니다.

이제 하나님은 그분의 법을 돌판이 아니라 마음에 기록하겠다고 하십니다(렘 31:33; 32:40). 이제 하나님은 새로운 영을 주셔서 우리가 그분을 따르게 하겠다고 하십니다(겔 11:19-20; 36:27). 이렇게 아브라함에게 하신 약속, "나는 그들의 하나님이 되리라"(창 17:8)라는 약속을 이루시겠다고 하십니다(렘 31:33).

새 언약이 놀라운 은혜인 이유는 죄를 이길 능력이 없는 죄인이 아니라, 전능하신 하나님이 성취하시겠다는 약속이기 때문입니다. 이스라엘 역사의 끝은 암울하지만, 선지자들의 새 언약에 대한 계시는 충만한 소망을 안겨 줍니다.

이스라엘은 언약에 신실하지 못했지만, 하나님은 그분의 언약에 신실하실 것입니다. 이스라엘은 하나님의 나라에 미치지 못했지만, 하나님은 그분의 나라를 성취하실 것입니다. 이스라엘은 하나님의 영광을 나타내지 못했지만, 하나님은 그분의 영광을 나타내실 것입니다. 그리고 이 일은 전혀 기대하지 못한 방식으로 이루어질 것입니다.

제9장

예수 그리스도

"당신이 믿는 것이 구체적으로 무엇입니까?"

이렇게 물어 보면 신자라도 생각이 모호해질 때가 있습니다.

그리스도인의 대표적인 신앙고백인 사도신경은 신자가 무엇을 믿는지에 대해 말해 줍니다. 사도신경은 믿음의 내용입니다.

다른 말로 하면 사도신경은 신자라면 꼭 알고 있어야 할 내용입니다. 그러므로 그리스도에 관해 무엇을 알고 있어야 하는 지도 사도신경을 통해 알 수 있습니다.

> 그 외아들 우리 주 예수 그리스도를 믿사오니,
>
> 이는 성령으로 잉태하사 동정녀 마리아에게 나시고,
>
> 본디오 빌라도에게 고난을 받으사 십자가에 못박혀 죽으시고,
>
> 장사한 지 사흘 만에 죽은 자 가운데서 다시 살아 나시며,
>
> 하늘에 오르사 전능하신 하나님 우편에 앉아 계시다가,
>
> 저리로서 산 자와 죽은 자를 심판하러 오시리라

사도신경은 그리스도에 대한 진리를 성육신, 십자가, 부활, 승천, 재림과 심판으로 요약합니다. 이번 장에서 성육신, 십자가, 부활, 승천에 대해 살펴보고 재림과 심판에 대해서는 14장에서 살펴보겠습니다.

1. 성육신

앞 장에서 살펴본 바와 같이, 하나님은 창조 세계의 구속을 시작하셨지만, 이스라엘은 끊임없이 불순종했을 뿐만 아니라 그들을 회개시키기 위해 하나님이 보내신 선지자들을 잔인하게 죽이기까지 했습니다.

이것은 단지 이스라엘의 모습이 아닙니다. 아담 이후 모든 인간의 실상입니다. 이스라엘로 대표되는 인간의 실패 위에 이제 하나님의 아들이신 그리스도께서 친히 이 땅에 오셨습니다. 성육신은 삼위일체 하나님의 두 번째 위격이신 성자 하나님이 육신을 입고 그분이 창조하신 세계 안으로 들어오신 사건입니다.

> 하나님은 당신이 창조하신 세상에 들어와 상실 가운데 있는 우리의 상태를 보시고 당신의 백성을 긍휼히 여기셨다. 그래서 자기 자신을 인간사의 주요 등장인물로 써 넣으셨

다. 삼위일체의 두 번째 위격, 하나님의 아들이 인간이 되어 세상 속으로 오셨다. 바로 예수 그리스도시다.[1]

성육신은 구원의 사건입니다. 자신의 영원한 운명에 있어서 손가락 하나 까딱할 힘이 없는 인간을 위해 하나님이 친히 육신을 입으셨습니다(요 1:14). 죄의 늪에서 허우적거리고 있는 인간을 구하시기 위해 하나님이 직접 이 늪으로 뛰어드셨습니다(마 1:21).

성육신은 하나님 나라의 사건입니다. 인간이 반역한 세상에 하나님이 왕으로 오셨습니다(눅 1:32-33). 진정한 통치자께서 부패한 세상을 의와 사랑으로 다스리시기 위해 이 땅에 오셨습니다(마 6:10).

성육신은 하나님 영광의 사건입니다. 하나님이 창조 세계의 한 가운데에서 그분의 영광을 나타내셨습니다(요 1:18). 이제 우리는 은혜와 진리가 충만한 그분의 영광을 봅니다(요 1:14).

---

[1] 팀 켈러, 『센터처치』, 68.

2. 그리스도는 어떤 분이신가

> 예수와 제자들이 빌립보 가이사랴 여러 마을로 나가실새 제자들에게 물어 이르시되 사람들이 나를 누구라고 하느냐 제자들이 여짜와 이르되 세례 요한이라 하고 더러는 엘리야, 더러는 선지자 중의 하나라 하나이다 또 물으시되 **너희는 나를 누구라 하느냐** 베드로가 대답하여 이르되 **주는 그리스도시니이다** 하매 (막 8:27-29).

성경에서 가장 중요한 질문을 꼽는다면 아마도 예수께서 공생애 후반에 제자들에게 하신 이 질문일 것입니다.

> 너희는 나를 누구라 하느냐 (막 8:29).

전 세계는 이 질문에 "주는 그리스도시니이다"라고 응답하는 사람들과 그렇지 않다고 응답하는 사람들로 나누어집니다. 그리고 통계학자들에 따르면 지난 이천 년 동안 이 진리를 목숨보다 귀하게 여겨 순교한 사람들이 오천만 명 이상 된다고 합니다.[2]

---

2 폴 워셔, 『복음』, 351를 참고.

기독교(Christianity)의 '기독'이라는 말은 그리스도(Christ)의 줄임말입니다. 기독교는 예수께서 그리스도라는 진리의 기반 위에 세워졌으며, 교회는 예수께서 그리스도라는 진리를 믿는 무리이며, 성령의 중심 사역 또한, 예수께서 그리스도라는 진리를 선포하는 것입니다.

그렇다면 그리스도라는 말은 무슨 의미일까요?

이 말은 히브리어 '메시아'에 해당하는 헬라어로 '기름 부음을 받은 자'라는 뜻입니다. 구약 시대에는 제사장이나 왕, 선지자를 세울 때 기름을 붓거나 바르는 의식을 행했는데 여기에서 유래한 것입니다.

그렇다면 예수께서는 단지 구약 시대에 있었던 제사장이나, 왕, 선지자 같은 분이라는 것일까요?

예수께서 그리스도라는 의미를 이해하기 위해서는 구약 성경의 메시아에 대한 소망을 먼저 이해해야 합니다. 이 소망은 아담이 범죄하였을 때 하나님께서 여자의 후손이 뱀의 머리를 상하게 할 것이라고 말씀하시는 것에서부터 시작합니다(창 3:15). 이 약속은 아브라함 때에 이르러 그의 후손이 대적의 성문을 차지할 것이라는 약속으로 계승되고(창 22:17; 24:60), 다윗 때에 이르러서는 언젠가 다윗의 후손이 영원한 나라를 이끌어 열방 가운데에 하나님의 공의와 통치를 나타내실 것이라는 약속으로 이어집니다(삼하 7:16; 사 9:6-7; 11:1-10; 42:1-9).

예수께서 그리스도라는 것은 그분이 구약성경의 예언을 성취하신 '여자의 후손'이며, '아브라함의 후손'이며, '다윗의 후손'이라는 것입니다.

> 그 정사와 평강이 더함이 무궁하며 **또 다윗의 왕좌와 그의 나라에 군림하여 그 나라를 굳게 세우고 지금 이후로 영원히 정의와 공의로 그것을 보존하실 것이라** 만군의 여호와의 열심이 이를 이루시리라(사 9:7).

이 예언에서 나타나는 그리스도는 악의 세력을 정복하시고 하나님 나라를 공의로 다스리시는 왕의 모습입니다. 하지만 그리스도는 한 가지 모습으로만 계시되는 분이 아닙니다. 구약성경의 예언은 그리스도를 정복하고 통치하는 왕의 모습으로만 그리고 있지 않습니다. 예수께서 십자가에서 못 박히시기 700년 전쯤에 쓰여진 이사야서는 그리스도를 고난받는 종의 모습으로 그리고 있습니다.

> 우리는 다 양 같아서 그릇 행하여 각기 제 길로 갔거늘 여호와께서는 우리 모두의 죄악을 그에게 담당시키셨도다 그가 곤욕을 당하여 괴로울 때에도 그의 입을 열지 아니하였음이여 마치 도수장으로 끌려가는 어린 양과 털 깎는 자 앞에서 잠잠한 양 같이 그의 입을 열지 아니하였도다 그는 곤욕과 심문을 당하고 끌려

갔으나 그 세대 중에 누가 생각하기를 그가 살아 있는 자들의 땅에서 끊어짐은 마땅히 형벌 받을 내 백성의 허물 때문이라 하였으리요 여호와께서 그에게 상함을 받게 하시기를 원하사 질고를 당하게 하셨은즉 그의 영혼을 속건제물로 드리기에 이르면 그가 씨를 보게 되며 그의 날은 길 것이요 또 그의 손으로 여호와께서 기뻐하시는 뜻을 성취하리로다 그가 자기 영혼의 수고한 것을 보고 만족하게 여길 것이라 나의 의로운 종이 자기 지식으로 많은 사람을 의롭게 하며 또 그들의 죄악을 친히 담당하리로다 (사 53:6-8;10-11).

본문(사 53:10)은 그리스도께서 상함을 받으시고 질고를 당하게 되신 것이 그의 영혼을 속건제물로 드리기 위해서라고 말합니다. 속건제는 죄를 범했을 때나 상대방에게 해를 끼쳤을 때 드리는 제사입니다. 율법이 정한 대로 배상한 후에 흠 없는 숫양을 죽여 제물로 드렸는데, 그리스도께서 여기서 말하는 숫양, 즉 도살장으로 끌려가는 어린 양으로 묘사되고 있습니다.

다음 절(사 53:11)을 보면 그리스도께서 속건제물이 되시는 이유가 나와 있습니다. 그분은 사람들의 죄를 대신 담당하시기 위해 속건제물이 되시는 것입니다. 그리스도께서는 우리의 죄를 짊어지고 도살장으로 가시는 어린 양이십니다.

> 이튿날 요한이 예수께서 자기에게 나아오심을 보고 이르되 **보라 세상 죄를 지고 가는 하나님의 어린 양이로다**(요 1:29).

그리스도께서는 사자이시며, 또한 어린 양이십니다. 그분께서는 온 우주 만물을 공의로 다스리시는 통치자이시며, 죄인들의 죄를 대신 치르시기 위해 십자가에 못 박히신 구원자이십니다.

3. 십자가와 구원

성경은 그리스도께서 십자가를 지시기 위해 이 땅에 오셨다고 말합니다. 그분께서는 많은 사람을 대신하여 죽기 위하여 나신 것입니다.

하나님은 공의로운 분이시므로 죄인들을 반드시 벌하셔야 하지만, 또한, 그들을 깊이 사랑하십니다. 이 딜레마 가운데 하나님은 그리스도께서 죄인들의 죄를 대신 치르게 하십니다. 하나님은 그리스도를 '대속물'로 삼으신 것입니다.

> 인자가 온 것은 섬김을 받으려 함이 아니라 도리어 섬기려 하고 **자기 목숨을 많은 사람의 대속물로 주려 함이니라**(마 20:28).

대속물이란 빚이나 노예 상태로부터 누군가를 자유롭게 해 주기 위해 대신해서 부담하는 대가, 즉 구속을 위한 대가를 말합니다. 그리스도께서는 죄의 종노릇하고 있는 사람들의 죄의 대가를 대신 갚아 주시고 그들을 죄에서 해방시키기 위해 십자가에 못 박히셨습니다. 이 구속의 신비를 이해하기 위해 한 가지 예화를 들어보겠습니다.

> 어느 나라에 전쟁이 일어났습니다. 전쟁이 길어지다 보니 식량이 점점 떨어져 가고 있는데, 하루는 장군에게 한 부하가 와서 누군가 식량을 훔치고 있는 것을 보았다고 보고했습니다. 이 말을 들은 장군은 누구든지 식량을 훔치다 잡히면 처형을 당할 것이라고 공포했습니다.
> 며칠 후에 부하가 다시 장군을 찾아와서 이렇게 말했습니다.
> "장군님, 좋은 소식과 나쁜 소식이 있습니다. 좋은 소식은 식량을 훔치는 범인을 잡은 것이고 나쁜 소식은 그 범인이 당신의 아들이라는 것입니다."
> 이 보고를 들은 장군은 비통함 가운데 고민하며 밤을 지새웠습니다. 범인이 잡히면 처형하겠다고 공포했기 때문에 원칙대로 하지 않으면 신의를 잃을 것은 물론 군기가 문란해질 것이기 때문이었습니다. 그렇다고 사랑하는 아들을 처형장으로 내보낼 수도 없었습니다.

며칠 후, 처형을 집행하는 날 새벽, 처형장에 모습을 드러낸 사람은 장군 자신이었습니다. 장군은 단두대를 향하여 걸어갔고 범인이자, 사랑하는 아들의 죄의 대가를 대신 치렀습니다. 장군은 그렇게 공의를 세웠고 또한 아들에 대한 자신의 사랑을 나타내었습니다.[3]

장군은 하나님을, 아들은 인간을 나타냅니다. 세상의 장군은 공의를 굽게 하여 아들도, 자신도 살 수 있을 것입니다. 하지만 하나님은 완전하신 분이십니다. 그분은 불의할 수 없습니다. 그래서 그리스도께서 자신의 생명을 죄의 대가로 주신 것입니다. 그분께서 대속물이 되신 것입니다.

또한, 하나님은 그리스도를 '화목제물'로 삼으셨습니다. 하나님은 그리스도를 죄로 삼으시고(고후 5:21), 온 세상의 죄에 대한 그분의 진노를 그리스도께 쏟아부으셨습니다. 그리스도께서는 십자가에서 하나님께 버림당하셨고(마 27:46), 죄인들이 받아야 할 모든 저주를 받으셨습니다(갈 3:13).

> 이 예수를 하나님이 그의 피로써 믿음으로 말미암는 화목제물로 세우셨으니 (롬 3:25).

---

[3] 국제전도폭발훈련 교재의 유명한 예화를 각색.

그리스도께서 이렇게 창조 세계에 임할 하나님의 진노를 대신 받으심으로써 하나님과 창조 세계 사이에 화목제물이 되셨습니다. 하나님은 이런 방식으로 그분의 공의를 만족시키셨으며, 그분과 온 우주 만물을 화목하게 하셨습니다.

> 그의 십자가의 피로 화평을 이루사 만물 곧 땅에 있는 것들이나 하늘에 있는 것들이 그로 말미암아 자기와 화목하게 되기를 기뻐하심이라(골 1:20).

> 화목의 교리는 바로 이것이다. 즉 하나님이 진노를 불러일으킨 대상들을 너무나 사랑하신 나머지, 자기 아들의 피로 진노를 제거하기 위해 그 아들을 주셨다는 것이다. 사랑받는 자들이 더 이상 진노의 대상이 되지 않도록 하고, 진노의 자식들을 하나님이 즐거워하시는 자녀로 만드는 것, 그 사랑의 목적을 성취하도록 진노를 처리하는 것은 그리스도의 몫이었다.[4]

하나님이 그분의 진노를 쏟으시기 위해 그리스도를 화목제물로 삼으셨다는 진리는 잘못 이해되기 쉽습니다. 이것

---

4 제임스 패커, 『하나님을 아는 지식』, 291에서 The Atonement - John Murray, 15를 재인용.

은 하나님이 그분과 상관없는 어떤 존재에게 그분의 진노를 모두 받아내게 하셨다는 뜻이 아닙니다. 오히려 그리스도 안에서 하나님의 진노를 담당하신 분은 하나님 자신입니다. 십자가에서 하나님은 그리스도께 그분의 진노를 쏟아부으셨을 뿐만 아니라, 그리스도 안에서 그분의 진노를 몸소 담당하셨습니다.

> 거룩한 진노 속에서 그 노가 진정되어야 하는 이는 하나님 자신이며, 또한 우리의 죄를 위한 화목을 위하여 그 아들 속에서 죽으신 이도 하나님 자신이다. 따라서 하나님은 그분의 아들이 우리를 대신하여 우리를 위하여 죽으셨을 때, 그 아들 안에서 스스로 자신의 의로운 진노를 담당하심으로써, 자신의 노를 진정시키기 위한 사랑의 주도적 행동을 취하셨다.[5]

복음은 우리가 한 일이 아니라 하나님이 하신 일에 대한 것입니다. 그것은 우리가 갚을 수 없는 죄의 대가를 그리스도께서 대신 치르셨다는 것입니다. 그것은 우리가 받아야 할 하나님의 진노를 그리스도께서 대신 받으셨다는 것입니

---

[5] 존 스토트, 『그리스도의 십자가』(*The cross of Christ*), 황영철 역 (서울: IVP, 1988), 327.

다. 이렇게 십자가 위에서 구원의 길이 열렸습니다. 복음은 구원의 기쁜 소식입니다.

4. 십자가, 언약, 하나님 나라

그리스도께서 십자가에서 죄 사함의 길을 열어 주셨다는 것은 복음이 왜 좋은 소식인지 말해 주지만, 이것이 그분께서 십자가에서 성취하신 전부는 아닙니다. 이제 언약과 하나님 나라, 하나님 영광의 관점에서 복음의 의미를 깊이 나눠 보겠습니다.

8장의 마지막 부분에서 이스라엘은 언약에 신실하지 못했고, 하나님의 나라에 미치지 못했고, 하나님의 영광을 나타내지 못했으나, 하나님은 하실 것이라고 말했습니다. 그리고 이 일은 전혀 기대하지 못한 방식으로 이루어질 것이라고 했습니다.

이 일은 인류 역사상 가장 수치스럽고 고통스러운 자리인 십자가 위에서 이루어집니다. 그리스도께서는 가장 저주받은 자리에서 가장 위대한 사역을 성취하십니다. 그분께서는 십자가 위에서 언약과 하나님 나라를 성취하시고, 하나님의 영광을 나타내십니다.

먼저 그리스도께서 십자가에서 언약을 성취하셨다는 진리에 대해 나눠 보겠습니다.

8장에서 나눈 바와 같이 새 언약은 하나님이 우리 마음에 새로운 영을 주셔서 우리가 하나님의 법에 순종하게 하시겠다는 언약입니다(겔 11:19-20; 롬 7:6; 8:2).

구약성경은 언약이 성취되지 못하는 이유가 이스라엘의 죄 때문이라고 말합니다. 언약은 인간의 죄로 인해 파기될 수 있으므로 새 언약이 성취되려면 먼저 죄의 문제가 해결되어야 하는 것입니다.

그런데 율법과 구약의 제사 제도를 통해 알 수 있듯이 죄 사함에는 피 흘림, 즉 죽음이 있어야 합니다(히 9:22). 이런 배경에서 그리스도께서 죄 사함을 위해 자신을 제물로 드리신 사건을 이해해야 합니다. 그리스도께서는 자신의 죽음으로 단 한번의 영원한 제사를 드리심으로써 죄의 문제를 해결하시는 것입니다(히 9:25-26; 10:10-12).

하지만 우리의 과거, 현재, 미래의 죄가 모두 사함을 받는다 하더라도, 우리의 본질이 변하지 않고 여전히 죄를 이길 능력이 없어 끊임없이 죄를 짓는다면 문제는 해결되지 않은 것입니다.

그러므로 성령께서 우리 안에 오셔야 하는 것입니다. 성령께서 우리 안에 새로운 영적 생명이 태어나게 하시고 우리가 하나님의 법에 순종할 수 있게 하셔야 하는 것입니다.

이것이 그리스도께서 십자가에서 성취하신 것입니다. 그리스도께서는 이렇게 십자가 위에서 새 언약의 피(눅 22:20; 히 12:24)를 흘리심으로써 언약을 성취하셨습니다.

이제 그리스도께서 십자가에서 하나님의 나라를 성취하셨다는 진리에 대해 나눠 보겠습니다.

새 언약의 성취는 하나님 나라의 성취와 연결됩니다. 앞에서 설명한 바와 같이 그리스도께서 새 언약의 피를 흘리심으로써 이제 죄 사함을 받고 성령 안에서 하나님의 법에 순종할 수 있는 자들, 즉 하나님의 백성들이 나타나게 됩니다. 이렇게 그리스도께서는 십자가에서 하나님 나라를 구성하는 하나님의 백성이 창조되는 길을 여신 것입니다.

그리스도께서는 십자가에서 죄인들이 구원받고 하나님의 백성이 되는 길을 여셨을 뿐만 아니라, 죄악의 권세를 이기시고 사탄을 굴복시켰습니다. 그리고 창조 세계에 대한 그분의 주권을 선포하시며(마 28:18), 의와 사랑으로 다스리시는 그분의 나라를 시작하십니다. 그리스도께서는 이렇게 하나님 나라를 성취하셨습니다.

> 우리의 구속은 값을 지불하는 일인 동시에 능력 있는 일이다. 즉 보상을 하는 일이면서 정복하는 일이다. 십자가에서 거래가 이루어졌으며, 또한 승리가 획득되었다. 우리에 대한 사형 선고를 무효화시키는 피가 십자가에서 흘려졌

으며, 사탄의 나라에 치명타를 안긴 죽음 역시 거기서 이루어졌다.[6]

5. 십자가와 하나님의 영광

마지막으로 그리스도께서 십자가에서 하나님의 영광을 나타내셨다는 진리에 대해 나눠 보겠습니다.

하나님은 그분의 진노를 죄인들을 대신하여 그리스도께 쏟아부으심으로써, 그분의 완전한 거룩을 나타내셨습니다.

그리고 하나님은 죄를 못 본 척하지 않으시고 죄의 대가를 그리스도께서 남김없이 치르도록 하심으로써, 그분의 엄정한 공의를 나타내셨습니다.

또한, 하나님은 우리를 대신하여 그분의 아들이신 그리스도를 내어주시는 그분의 놀라운 사랑을 나타내셨습니다.

하나님이 죄인들에게 베푸시는 사랑의 크기는 그분께서 그들을 위해 감내하시는 고통의 크기로 가늠할 수 있습니다. 구약성경은 하나님의 고통을 생생하게 나타내는데, 특징적인 것은 그분의 고통을 간음하는 아내를 둔 남편의 고통으로 묘사한다는 것입니다(렘 3장; 겔 16장; 호 1장).

---

[6] 존 스토트, 『그리스도의 십자가』, 439. John Eadie의 글을 재인용.

하나님은 그분께 만족하지 못하고, 풍요와 쾌락을 약속하는 다른 상대에게 끊임없이 매혹되는 이스라엘을 비통함 가운데 바라보십니다. 때론 분노하시고, 때론 낙담하시며, 간음하는 아내를 둔 남편의 처절한 슬픔을 겪으십니다.

우리는 그분의 것으로 풍성하게 누리지만 그분을 사랑하지는 않는 간음하는 아내입니다. 그러나 하나님은 그분을 거부하는 아내를 무모하리만큼 사랑하는 남편이십니다. 하나님의 고통과 사랑이 뒤섞인 오랜 역사 이후 이제 그리스도께서는 통나무를 짊어지시고 갈보리 언덕을 바라보십니다. 언약의 사슬로 자신의 온몸을 묶으시고 피와 땀을 쏟으시며 십자가를 향해 올라가십니다. 그리고 우리가 받아야 할 모든 조롱, 모든 저주, 모든 진노를 십자가 위에서 온 몸과 영혼으로 대신 받으십니다.

우리는 그리스도께서 십자가에서 받으신 고통의 신비 안에서 하나님의 영광을 봅니다. 그분은 간음하는 아내를 대신하여 죽으신 남편이십니다. 그분은 죄인들을 위해 나무에 달리신 하나님이십니다.

> 갈보리 위에 통나무가 보이기도 전에 하나님 안에는 십자가가 있었다.[7]

---

[7] 존 스토트, 『그리스도의 십자가』, 267. H. 부쉬넬의 글을 재인용.

하나님께서 언약 안에서 겪으시는 고통은 십자가 위에서 절정을 이루고, 우리는 이 고통 안에서 하나님의 영광을 봅니다. 하나님은 이렇게 그분의 영광을 나타내심으로써 우리를 그분과의 깊은 사귐으로 초대합니다.

우리의 하나님은 나무나 바위나 해 같은 분이 아닙니다. 그분은 단지 우리가 바라는 것들을 비는 대상이 아닙니다. 하나님은 그분의 거룩과 공의, 고통 가운데 나타나는 놀라운 사랑을 계시하시는 분입니다.

우리가 하나님을 찬송하는 것은 그리스도의 십자가 죽음을 통해 우리를 구원하신 것이 감사하기 때문이며, 또한, 십자가에 달리신 그리스도를 통해 나타나는 그분의 영광이 지극히 존귀하게 보이기 때문입니다. 우리는 감사할 뿐만 아니라 감탄하는 가운데 십자가에 달리신 하나님을 영원토록 찬송할 것입니다.

복음은 그리스도께서 죄 사함과 영생의 길을 열어 주셨다는 구원의 기쁜 소식이고, 의와 사랑으로 다스리시는 새로운 세상을 시작하셨다는 하나님 나라의 기쁜 소식이며, 영광을 나타내셔서 영원히 그분을 사랑하며 찬송하게 하신다는 하나님 영광의 기쁜 소식입니다.

6. 부활

그리스도의 십자가 죽음이 구원하는 효력이 있는 이유는 그분께서 하나님이시기 때문입니다.

만약 그분께서 이천 년 전 팔레스타인에서 활동했던 선동가일 뿐이라면 그분이 우리 죄를 위해서 죽었다 한들 무슨 소용이 있겠습니까?

반대로 그리스도께서 하나님이시지만 인간이 아니라면 죽으실 수 없습니다. 그러므로 완전한 하나님이며 완전한 인간이신, 그리스도만이 십자가를 지실 수 있는 것입니다. 그분만이 구원자가 되실 수 있는 것입니다.

> 만약 예수님이 사람이 아니셨다면 그는 우리들과 같은 처지에서 죽으실 수 없으셨을 것이요, 우리에게 부여될 형벌도 담당할 수 없었을 것이다. … 그러나 이 일을 하시기 위해 그는 모든 면에서 우리처럼 되셔야만 했다. 그래서 그는 우리들을 위한 '대속물'이 되실 수 있었고, 그래서 열납될 수 있는 그 제물은 우리들을 대신한 것이다. 만약 그리스도께서 완전한 사람이 아니셨다면 그는 사람의 죄를 대신하여 형벌을 치르기 위하여 죽으실 수 없었다.

우리를 위한 대속의 제물이 되실 수 없었던 것이다.[8]

여기서 한 가지 중요한 의문이 생깁니다.

그리스도께서 인간이라는 사실은 쉽게 믿을 수 있지만, 그분께서 하나님이라는 사실은 어떻게 믿을 수 있을까요?

누군가가 하나님이라고 주장하기 위해선 신적인 증거가 있어야 합니다. 그것이 '부활'입니다.

> 만일 죽은 자의 부활이 없으면 그리스도도 다시 살아나지 못하셨으리라 그리스도께서 만일 다시 살아나지 못하셨으면 우리가 전파하는 것도 헛것이요 또 너희 믿음도 헛것이며 (롬 15:13-14).

그리스도와 3년 동안 동고동락 하며 많은 기적을 보았던 제자들조차 그분의 죽음 앞에서 뿔뿔이 흩어졌습니다. 그들이 담대하게 다시 일어설 수 있었던 것은 그리스도께서 부활하셔서 그들 앞에 나타나셨기 때문입니다.

부활은 기독교의 근간이 되는 사건입니다. 만약 부활이 거짓이라면 기독교는 신화가 되고, 성경은 꾸며낸 책이 되며, 교회는 사라지게 될 것입니다.

---

8 웨인 그루뎀, 『성경핵심교리』, 415-416.

닉슨 대통령의 보좌관이었던 찰스 콜슨은 『러빙 갓』에서 대단히 중요한 고백을 하고 있다. 그 유명한 워터게이트 사건이 터졌을 때 닉슨 대통령 보좌관들은 그 사건을 은폐하기로 하고 서로 말을 맞추었다.

그들은 미국 최고의 엘리트들이자 법에 관한 한 타의 추종을 불허하는 전문가들이었다. 그들은 누가 추궁해도 자신들이 짜 맞춘 말을 완벽하게 지킬 수 있다고 믿었다. 그러나 얼마 지나지 않아 그들의 말은 서로 어긋나기 시작했고, 결국 모든 거짓이 들통나고 말았다.

그 유능한 엘리트들이 무슨 까닭에, 그토록 치밀하게 짜 맞춘 몇 마디의 말을 지키지 못해 감옥 신세까지 지는 망신을 당해야 했던가?

그들이 지키려던 것이 진실이 아니라 거짓이었기 때문이다. 거짓은 어떤 힘으로도 지켜지지 않는다. 거짓을 영원히 지킬 수 있는 방법은 없다. 거짓은 때가 되면 반드시 그 정체가 드러나고야 만다. 이 사실을 자신의 삶으로 확인한 찰스 콜슨은 예수님의 부활을 진심으로 믿지 않을 수 없었다.

만약 예수님께서 부활하지 못하셨다면 '예수 부활'은 제자들이 입을 맞추며 꾸며 낸 거짓말일 수밖에 없다. 그것이 사실이라면 그 무식한 어부들이 입을 맞춘 말은 한 달도 못 가 서로 어긋나기 시작했을 것이고, 꾸며 낸 그 거

> 짓말은 예루살렘을 넘기도 전에 허물어져 버리고 말았을
> 것이다. 그리고 제자들이 목숨을 잃으면서까지 '예수 부
> 활'을 외치지도 않았을 것이다. 무식하기 짝이 없는 갈릴
> 리의 어부들이 전한 '예수 부활'의 증언이 2천 년이 지난
> 오늘날까지 무너지지 않고 살아 역사하는 것은, 그것이 인
> 간에 의해 꾸며진 거짓이 아니라 그 누구도 허물 수 없는
> 진실이기 때문이다.[9]

 성경의 기록을 통해 확실히 알 수 있는 것은 제자들은 미친 사람들이 아니었다는 것입니다. 그들은 그리스도께서 돌아가셨을 때 보통 사람들과 똑같이 두려워하고 좌절했습니다. 하지만 어느 순간 그들은 놀라운 담대함으로 목숨을 걸고 그리스도께서 부활하셨음을 선포합니다.

 이 일과 관련하여 특별히 주목되는 사람이 사도 바울입니다. 그는 그리스도인들을 핍박하던 자들 중에서도 열심이 있는 사람이었습니다. 예수 믿는 사람들을 옥에 잡아넣기 위해 길을 가던 중 다메섹이라는 곳에 이르렀을 때, 그곳에서 그는 부활하신 그리스도를 만납니다. 그리고 훗날 이렇게 고백합니다.

---

9   이재철, 『새신자반』 (서울: 홍성사, 1994), 92-93.

> 내가 받은 것을 먼저 너희에게 전하였노니 이는 성경대로 그리스도께서 우리 죄를 위하여 죽으시고 장사 지낸 바 되셨다가 성경대로 사흘 만에 다시 살아나사 게바에게 보이시고 후에 열두 제자에게와 그 후에 오백여 형제에게 일시에 보이셨나니 그중에 지금까지 대다수는 살아 있고 어떤 사람은 잠들었으며 그 후에 야고보에게 보이셨으며 그 후에 모든 사도에게와 맨 나중에 만삭되지 못하여 난 자 같은 내게도 보이셨느니라 (고전 15:3-8).

어떤 사건이 실제로 일어난 사건인 것을 확증하려면 세 가지가 필요합니다. 목격자가 있어야 하고, 그들의 수가 충분해야 하며, 그들이 정직하고 믿을 수 있어야 합니다. 부활 사건은 이 모든 조건을 충족시킵니다.[10]

당시 많은 사람이 부활하신 그리스도를 목격했으며 이것이 기록으로 남겨져 있습니다. 그리고 이들은 부정직할 이유가 전혀 없었습니다. 오히려 그들은 이 진리를 지키기 위해 목숨까지 내놓아야 했습니다. 부활은 그리스도께서 하나님이심을 보여 주는 역사적인 사건입니다.

그러나 부활의 의미는 그리스도께서 자신의 신적 권능을 보여 주신 하나의 독특한 일로 제한되지 않습니다. 그리스

---

[10] 폴 워셔, 『복음』에서 'Introductory Lecture in Systematic Theology - Henry Thiessen'을 재인용.

도의 부활은 그리스도 안에 있는 모든 자가 부활할 것을 알리는 사건입니다. 부활하신 그리스도와 성도들로 이루어진 하나님 나라가 나타날 것을 보여 주는 사건입니다.

> 그러나 이제 그리스도께서 죽은 자 가운데서 다시 살아나사 잠자는 자들의 첫 열매가 되셨도다 사망이 한 사람으로 말미암았으니 죽은 자의 부활도 한 사람으로 말미암는도다 아담 안에서 모든 사람이 죽은 것 같이 그리스도 안에서 모든 사람이 삶을 얻으리라 (고전 15:20-22).

그러나 부활이 마지막 때에 위대하게 일어나기 전에 역사 도중에 한 사람에게 먼저 일어남으로써 역사의 종말에 하나님의 백성이 최종적으로 부활할 것을 예견하고 보장할 것이라는 내용의 이미 임한 종말론을 믿는 무리는 기독교를 제외하고는 없었고, 그 신앙은 기독교의 핵심이 된다.[11]

그러므로 우리는 더 이상 사망의 종이 아닙니다. 신자들은 죄의 권세뿐만 아니라, 사망의 권세에서도 해방된 것입니다.

---

11 톰 라이트, 『마침내 드러난 하나님 나라』 (*Suprised by hope*), 양혜원 역 (서울; IVP, 2009), 97.

> 나는 부활이요 생명이니 나를 믿는 자는 죽어도 살겠고 무릇 살아서 나를 믿는 자는 영원히 죽지 아니하리니(요 11:25-26).

그리스도를 믿는 모든 자는 이미 부활의 능력으로 영원한 생명을 받았습니다. 그리고 언젠가 부활의 큰 권능이 임하는 날에 우리는 번데기에서 나온 현란한 빛깔의 나비와 같이 영화로운 몸을 입을 것입니다.

> 이 썩을 것이 썩지 아니함을 입고 이 죽을 것이 죽지 아니함을 입을 때에는 사망을 삼키고 이기리라고 기록된 말씀이 이루어지리라(고전 15:54).

7. 승천

> 오직 성령이 너희에게 임하시면 너희가 권능을 받고 예루살렘과 온 유대와 사마리아와 땅끝까지 이르러 내 증인이 되리라 하시니라 이 말씀을 마치시고 그들이 보는데 올려져 가시니 구름이 그를 가리어 보이지 않게 하더라(행 1:8-9).

그리스도께서는 부활하신 후 사십 일 동안 지상에 머무시면서 많은 형제에게 자신의 살아 계심을 나타내셨으며(고전 15:4-7), 제자들을 가르치셨고(행 1:3), 그들에게 사명을 주셨습니다(마 28:18-20). 그분께서는 마지막으로 성령께서 임하실 것과 제자들이 권능을 받아 온 땅에서 그분의 증인이 될 것을 말씀하시고 하늘로 올려지셨습니다.

이제 그리스도께서는 하나님의 우편에 앉아 계십니다(히 1:3). 그분께서는 하나님의 우편에서 하나님과 인간 사이의 중보자가 되어 주십니다.[12]

> 누가 정죄하리요 죽으실 뿐 아니라 다시 살아나신 이는 그리스도 예수시니 그는 하나님 우편에 계신 자요 우리를 위하여 간구하시는 자시니라(롬 8:34).

그리스도만이 유일하신 중보자이십니다(딤전 2:5). 왜냐하면, 그분만이 완전한 하나님이시며, 완전한 인간이시기 때문입니다. 그분께서는 인간의 몸으로 시험을 받으셨기에 우리의 연약함과 아픔을 아시며, 그럼에도 죄는 없으시기에 우리를 도우실 수 있습니다(히 2:18; 4:15).

---

[12] 이 문장은 그리스도께서 승천하시기 전까지는 중보자가 아니라는 뜻이 아닙니다. 여기에서 구속사적인 의미의 중보사역과 구원론적인 의미의 중보사역을 구분하여야 합니다. 구속사적으로 그리스도께서는 십자가 위에서 하나님과 창조세계 사이의 화목제물이 되심으로써 중보사역을 마치셨지만, 구원론적으로는 하나님의 우편에서 십자가 위에서 이루신 의가 우리에게 확실히 적용되도록 하신다는 점에서 계속해서 중보사역을 하시는 것입니다.

그리스도께서 하나님의 우편에 앉으셨다는 것은 또한 그분께서 통치자로서 창조 세계를 다스리시는 지위에 있음을 나타냅니다. 그분께서는 온 우주 만물의 통치자로서 모든 이름 위에 뛰어나신 분이십니다.

> 죽은 자들 가운데서 다시 살리시고 하늘에서 자기의 오른편에 앉히사 모든 정사와 권세와 능력과 주관하는 자와 이 세상뿐 아니라 오는 세상에 일컫는 모든 이름 위에 뛰어나게 하셨도다 (엡 1:20-21).

이제 하늘에 오르신 그리스도께서는 성령과 함께, 그리고 교회를 통해 창조 세계의 구속을 이루어 가십니다. 언젠가 그리스도께서 이 땅에 다시 오실 때, 하나님의 나라가 완성되며, 회복된 창조 세계 가운데 하나님의 영광이 충만할 것입니다.

제10장

복음

　제9장에서는 죄인의 구원에 있어서 복음을 주로 '구속'과 '화목'의 관점에서 살펴보았습니다. 구속은 그리스도께서 대속물이 되시는 상거래의 그림으로, 화목은 그리스도께서 화목제물이 되시는 제사의 그림으로 복음의 의미를 나타냅니다.

　복음은 다이아몬드 같아서 한두 가지 단면을 보는 것만으로는 온전하게 알 수 없습니다. 지금부터는 '칭의'와 '화해'라는 단면을 통해 이 다이아몬드를 살펴보겠습니다. 칭의는 법정의 그림을 통해, 화해는 가정의 그림을 통해 복음의 의미를 나타냅니다.

1. 칭의

> 법정 한가운데 높은 자리에 재판관께서 위엄 있는 모습으로 앉아 계신다. 검사는 나를 노려보며 내 죄악을 폭로하고 있다. 이미 밝혀진 죄로도 중형을 받을 것이 분명하지만, 아직 탄로 나지 않은 죄도 많다. 나는 수치스러운 죄악들이 밝혀질 때마다 온몸이 떨린다. … 결국, 모든 죄악이 남김없이 폭로되었다. 두려움과 절망이 압도하는 가운데 고개를 들 수가 없다. 이때, 재판관께서 서서히 일어나신다. 그리고 이렇게 말씀하신다.
> "모든 죄의 대가는 이미 치러졌다. 무죄를 선고한다."[1]

천상 법정에서 우리의 죄는 낱낱이 밝혀질 것입니다. 일평생 한 말과 행동뿐만 아니라 마음속에 품었던 찰나의 생각까지 밝혀진다면 누구도 유죄를 면하지 못할 것입니다.

죄는 불법입니다(요일 3:4). 법이 없다면 죄를 죄로 여기지 않았을 것이지만(롬 5:13), 하나님은 이스라엘에게 율법을 주시고 그것을 지킬 것을 요구하셨습니다. 하지만 이스

---

[1] 이 글은 칭의가 의미하는 바를 강조하기 위해 법정의 상황을 상상해서 적어본 것입니다. 하지만 신자들의 심판을 두려움이나 불안을 불러 일으키는 것으로 오해하지 말아야 합니다. 심판의 날에 그리스도 예수 안에 있는 자에게는 결코 정죄함이 없기 때문입니다(롬 8:1).

라엘은 율법을 지키지 못했습니다. 이스라엘만이 아닙니다. 모든 인간은 하나님의 법을 따르는 데 실패했습니다(왕상 8:46; 롬 3:9).

하나님의 법을 철저히 지키려고 노력해 본 사람들은 알 것입니다. 법을 철저히 지키려 할수록 죄는 더욱 쌓이고 죄 짐은 점점 무거워져 결국 무릎이 꺾이고 주저앉게 됩니다(롬 3:20).

인간에게 필요한 것은 자신의 힘으로 완벽한 삶을 살 수 있다는 환상이 아니라, 하나님의 법 앞에서 철저히 실패하는 경험입니다. 이런 실패를 해 본 사람은 은혜를 구하게 됩니다. 이렇게 율법은 죄인을 은혜의 복음으로 인도합니다.

> 이같이 율법이 우리를 그리스도께로 인도하는 초등교사가 되어 우리로 하여금 믿음으로 말미암아 의롭다함을 얻게 하려 함이라 (갈 3:24).

인간의 실패 위에 하나님은 그리스도를 육신의 모양으로 이 땅에 보내셔서 율법에 완전한 삶을 살게 하시고, 우리 죄의 대가를 대신 치르게 하셨습니다(롬 8:3; 갈 3:13; 4:4-5).

하나님은 이렇게 그리스도 안에서 그분의 의를 나타내 십니다.[2] 그리고 하나님은 이 '의'를 그리스도를 믿는 모든 자에게 값없이 나눠 주십니다. 이것이 '칭의'입니다.

> 이제는 율법 외에 하나님의 한 의가 나타났으니 … 곧 예수 그리스도를 믿음으로 말미암아 모든 믿는 자에게 미치는 하나님의 의니 차별이 없느니라 (롬 3:21-22).

하나님은 우리에게 의를 요구하시지만, 우리에게는 의가 없습니다. 그래서 우리 인간이 붙드는 한 가지 소망은 하나님이 직접 우리에게 필요한 의를 주시는 것입니다. 그것이 바로 좋은 소식입니다. 그것이 복음입니다. 하나님이 원하시는 바이기도 합니다. 복음에 드러난 것은 하나님이 우리에게 요구하시는 하나님의 의입니다. 그래서 복음은 구원하는 하나님의 능력이 됩니다. 복음이 믿는 자를 구원

---

[2] 하나님의 의가 무엇인지에 대해서는 역사적으로 많은 논쟁이 있어 왔습니다. 이것을 자세하게 다루는 것은 이 책의 수준을 넘어섭니다. 여기서는 하나님의 의에 대한 더글라스 무의 설명을 제시하는 것으로 충분할 것입니다.
"하나님 편에서 보면, 여기에는 하나님이 약속을 이행하여 그의 백성을 신원하고 구원하시는 그의 종말론적 개입이 포함된다. 인간 편에서 보면, 거기에는 그렇게 해서 의롭다고 선고된 개인이 얻은 사면된 신분이 포함된다." [더글라스 무, 『NICNT 로마서』(*The epistle to the romans*), 손주철 역 (서울: 솔로몬, 2011), 317.]

> 하는 방법은 하나님이 우리에게 요구하시는 의를 우리에
> 게 직접 드러내시는 것입니다. 우리가 직접 해야 하는 일
> 이었지만 스스로 만들어 내지도 공급하지도 실행하지도
> 못하기 때문에 말 그대로 하나님께서 자신의 의를 우리에
> 게 거저 주신 것입니다.[3]

이것이 하나님이 우리를 구원하시는 유일한 방법입니다. 어떤 분들은 산 정상에 오르는 길은 다양하다고 말할 것입니다. 그리고 열심히 선행을 하거나 공로를 쌓으면 산 정상에 오를 수 있지 않겠느냐고 말할 것입니다. 하지만 하나님의 기준이 산이 아니라 하늘이라면 그리고 인간이 처한 상태가 산에 오르고 있는 것이 아니라 깊은 웅덩이에 빠진 것이라면 이야기는 달라집니다. 선행이나 공로로는 이 간극을 메울 수 없습니다.

오직 한 가지 길, 하나님이 깊은 웅덩이에 밧줄을 내려 올려주시는 길밖에는 없습니다. 그 밧줄이 바로 그리스도이십니다. 그리고 이 밧줄을 잡는 것이 믿음입니다. 구원에 있어서 다른 조건은 없습니다. 오직 믿음으로 이 놀라운 선물을 받을 수 있습니다.

---

[3] 존 파이퍼, 『복음과 하나님의 의』 (*Romans. 1*), 주지현 역 (서울: 좋은 씨앗, 2014), 200.

이 선물은 값싼 선물이 아닙니다. 이것은 하나님이 우리에게 그냥 용서와 자비를 베푸시는 것과는 다른 것입니다. 칭의를 베푸시기 위해 하나님의 아들이신 그리스도께서 죽기까지 순종하셨습니다.

> 이 예수를 하나님이 그의 피로써 믿음으로 말미암는 화목제물로 세우셨으니 이는 하나님께서 길이 참으시는 중에 전에 지은 죄를 간과하심으로 자기의 의로우심을 나타내려 하심이니 곧 이 때에 자기의 의로우심을 나타내사 자기도 의로우시며 또한 예수 믿는 자를 의롭다 하려 하심이라 (롬 3:25-26).

그렇다면 그리스도를 믿는 자들이 의롭게 된다는 것은 정확히 어떤 의미일까요?

칭의는 본래 법률 용어로 피고인이 무죄인 신분, 즉 의로운 신분이라고 선언하는 것을 말합니다. 그리스도를 믿는 자들은 이들의 과거, 현재, 미래의 죄에도 불구하고 무죄판결을 받는 의로운 신분이 되는 것입니다.

신자들이 정죄 받지 않는다는 것도 놀라운 일이지만 의롭게 된다는 것은 이것을 넘어서는 의미를 가집니다. 이것은 하나님 앞에서 완전한 자로 여겨진다는 의미입니다 (히 10:14). 구체적으로 말하면, 하나님이 요구하시는 모든 의

를 지켜 행한 자, 즉 예수 그리스도와 같이 의로운 자로 여겨
진다는 것입니다. 복음은 오직 하나님의 은혜로 오직 믿음을
통해 이 놀라운 의의 선물을 받는다는 기쁜 소식입니다.[4]

한 가지 중요한 점을 강조하고 이 주제를 마치겠습니다.
칭의는 하나님이 믿는 자를 의롭다고 여기시는 것이지 바
로 의로워진 모습으로 만드시는 것이 아닙니다. 칭의는 단
번에 이루어지는 일이지만, 성화는 오랜 세월이 걸리는 일
입니다.

> 한 나라에 자신이 왕족인지 모른 채로 버려져 노예로 십
> 수 년을 살았던 사람이 있었습니다. 어느 날 자식을 잃은
> 왕이 자신의 뒤를 이을 왕족을 찾다가 이 사람을 찾고 왕
> 자로 삼았습니다. 이 사람은 한 순간에 왕자가 되었지만,
> 왕궁 안에서 꽤 오랫동안 노예처럼 행동할 것입니다. 이
> 사람은 왕이 왕자로 삼은 즉시 왕자의 신분이 되었지만,
> 왕자라는 신분에 걸맞은 행동이 몸에 배기까지는 오랜 세
> 월이 걸릴 것입니다.[5]

---

[4] 칭의가 가능한 근거는 그리스도를 믿는 자들이 곧 그리스도와 연합된 자라는 사실에 있습니다. 칭의는 하나님이 그리스도를 믿는 자들, 즉 그리스도와 연합된 자들에게 그분의 의를 전가하시는 것입니다 (롬 4:3-8; 5:18-19; 빌 3:9; 고전 1:30; 고후 5:12).

[5] 설교에 자주 인용되는 널리 알려진 예화 인용.

칭의는 하나님이 우리가 의로운 모습을 갖추기도 전에 우리를 의로운 자로 선언하신다는 것입니다. 하나님은 그리스도를 믿는 모든 자를 의로운 자로 받아주십니다. 이렇게 신자는 단번에 의롭게 여겨지고 서서히 의로워집니다.

이 진리는 종교와 복음이 어떻게 다른지 분명하게 보여줍니다. 종교의 뿌리는 '공로'입니다. 즉 종교는 구원받기 위해서 먼저 자신의 힘으로 의로워져야 한다고 말합니다. 자신의 노력으로 의로워질 때 하나님께 받아들여질 수 있다는 생각이 종교의 근간입니다.

반면에 복음의 뿌리는 '은혜'입니다. 하나님은 자격이 없는 죄인을 먼저 의로운 자로 받아주십니다. 의로운 자로 받아들여지기 위해 의로워져야 하는 것이 아니라, 의로운 자로 받아들여진 것으로 인하여 점점 의로워지는 것입니다.[6]

하나님은 죄인을 완전한 자로 받아주시고 점점 완성하여 가십니다. 이렇게 우리는 그분의 손에 의해 아름다운 예술 작품으로 빚어집니다.

---

6 종교와 복음의 근본적인 차이에 대한 통찰은 주로 팀 켈러의 설교와 책에서 영향을 받은 것입니다.

2. 화해

또 이르시되 어떤 사람에게 두 아들이 있는데 그 둘째가 아버지에게 말하되 아버지여 재산 중에서 내게 돌아올 분깃을 내게 주소서 하는지라 아버지가 그 살림을 각각 나눠 주었더니 그 후 며칠이 안 되어 둘째 아들이 재물을 다 모아 가지고 먼 나라에 가 거기서 허랑방탕하여 그 재산을 낭비하더니 다 없앤 후 그 나라에 크게 흉년이 들어 그가 비로소 궁핍한지라 가서 그 나라 백성 중 한 사람에게 붙여 사니 그가 그를 들로 보내어 돼지를 치게 하였는데 그가 돼지 먹는 쥐엄 열매로 배를 채우고자 하되 주는 자가 없는지라 이에 스스로 돌이켜 이르되 내 아버지에게는 양식이 풍족한 품꾼이 얼마나 많은가 나는 여기서 주려 죽는구나 내가 일어나 아버지께 가서 이르기를 아버지 내가 하늘과 아버지께 죄를 지었사오니 지금부터는 아버지의 아들이라 일컬음을 감당하지 못하겠나이다 나를 품꾼의 하나로 보소서 하리라 하고 이에 일어나서 아버지께로 돌아가니라 아직도 거리가 먼데 아버지가 그를 보고 측은히 여겨 달려가 목을 안고 입을 맞추니 아들이 이르되 아버지 내가 하늘과 아버지께 죄를 지었사오니 지금부터는 아버지의 아들이라 일컬음을 감당하지 못하겠나이다 하나 아버지는 종들에게 이르되 제일 좋은 옷을 내어다가 입히고 손에 가락지를 끼우고 발에 신을 신기라 그리고 살진 송아지를 끌어다가 잡으라 우리가 먹고 즐기자 이 내 아들은 죽었다가 다시 살아났으며 내가 잃었다가 다시 얻었노라 하니 그들이 즐거워하더라(눅 15:11-24).

살아 계신 아버지에게 유산을 달라고 하는 한 사람이 있습니다. 그는 그 돈을 가지고 아버지로부터 멀리 독립합니다. 누구에게도 간섭받지 않는 자유와 하고 싶은 것을 할 수 있는 풍요 가운데, 이것이야말로 꿈꿔온 삶이라고 생각합니다.

하지만 얼마 지나지 않아 공허감이 찾아옵니다. 텅 빈 마음을 채워 보기 위해 더욱 방탕하게 살아 보지만 마음은 채워지지 않고 재산만 탕진합니다.

자유를 찾아 떠났는데 종살이를 하게 되었고, 전에 풍요로웠지만 어느새 빈털터리가 되었습니다. 도와주는 사람 하나 없이 굶주려 죽게 되어서야 아버지가 떠올랐습니다. 자신이 아버지께 죄를 지었다는 것을 어렴풋이 알게 되었습니다.

아버지를 뵐 면목이 없어 고개를 숙이고 돌아가는데, 멀리서 아버지가 보였습니다. 아버지는 뛰어오고 계셨습니다. 아버지가 그렇게 급히 뛰어오시는 것도, 눈물을 흘리시는 것도 처음 보았습니다. 아버지가 자신을 이토록 사랑하신다는 것도, 자신이 아버지께 큰 죄를 지었다는 것도 처음 알았습니다.

하나님은 그분을 죽은 자처럼 취급하던 사람들이 회개하고 다시 돌아올 때 죽었던 자녀가 살아 돌아온 것처럼 기뻐하시며 안아주십니다. 이것이 '화해'입니다.

부모에게 가장 소중한 것이 무엇이냐고 물으면 모든 부모는 자녀야말로 가장 소중한 존재라고 말할 것입니다. 자녀는 부모에게 있어서 다른 무엇과도 비교할 수 없는 보물입니다.

집에서 키우는 강아지도 잠시 떨어져 있으면 보고 싶습니다. 그러다가 병이 들어 죽으면 마음이 아파서 한동안 힘들어합니다.

그런데 하물며 자녀들은 어떻겠습니까?

하나님은 그분의 죽은 자녀들을 살리시기 위해 모든 것을 하십니다. 그분의 유일하신 아들, 예수 그리스도를 내어 주시기까지 하십니다. 그리고 이제 그리스도를 믿는 모든 자를 그분의 자녀, 그분의 소중한 보물로 받아 주십니다. 이것이 복음입니다.

> 하나님이 세상을 이처럼 사랑하사 독생자를 주셨으니 이는 그를 믿는 자마다 멸망하지 않고 영생을 얻게 하려 하심이라 (요 3:16).

제11장

구원

1. 회개

> 회개라는 것은 간단히 말해, 하나님께 대적하는 행위와 자신의 행위로 구원을 얻으려는 시도를 포기하고 그리스도께 모든 것을 맡기는 것입니다.[1]

하나님을 대적하는 것이나 자신의 행위로 구원을 얻으려는 것은 같은 뿌리에서 나온 두 가지 열매입니다. 그 뿌리는 하나님의 영광이 아니라 자신의 영광을 최고로 여기는 마음입니다. 즉 자신이 하나님이 되고자 하는 마음입니다.

우리는 얼마나 스스로 하나님이 되고 싶어 하는지 모릅니다. 인생이 망가지는 상황에서도 삶의 주인이기를 포기하지 못합니다. 차가 낭떠러지를 향해 가는데 운전대를 그

---

[1] 폴 워셔의 설교, <구원이란 무엇인가>(What is Salvation?)에서 인용.

리스도께 드리지 않고, 양손으로 움켜쥔 채 이를 악물고 그 길을 계속 달려갑니다. 죄로 죽은 영혼은 하나님께 돌이키기를 진심으로 원하지 않고, 돌이킬 힘도 없습니다.

이런 상태에서는 자기 죄에 대해 깊은 애통함이 생기지 않기 때문에 회개는 후회의 반복이 되기 쉽습니다. 죄를 짓고 후회하기를 쳇바퀴 돌듯이 반복하게 되는 것입니다. 우리는 이스라엘 기사를 통해 그리고 수많은 넘어짐의 경험을 통해 이 사실을 배웁니다.

참된 회개가 일어나기 위해서는 하나님이 나를 얼마나 사랑하시는지, 내가 그분께 얼마나 큰 죄를 지었는지 깨닫는 근본적인 변화가 수반되어야 합니다. 하나님의 영광 앞에서 자기 죄의 실체를 볼 때, 자신이 하나님께 죄를 지었다고 진심으로 고백하게 되는 것입니다.

그렇다면 우리는 무엇을 통해 하나님의 영광을 볼 수 있을까요?

그것이 복음입니다. 하나님은 성경의 진리인 복음을 통해 그분의 영광을 나타내십니다(고후 4:4). 복음이 하나님의 영광을 비추는 것입니다. 그리고 성령께서 우리 마음의 눈을 열어주시면 우리는 비로소 그분의 영광을 보게 되는 것입니다(고후 3:18).[2]

---

2 이 문단의 내용은 존 파이퍼의 책과 설교에서 많은 영향을 받았습니

> 복음이란 그리스도의 죽음과 부활의 사건을 말로 담아낸 이야기다(고전 15:1-4). 이 이야기를 프리즘 삼아 하나님은 인간의 마음속에 영적 영광이 비쳐 들게 하신다. 그리하여 하나님의 영광은 자체적으로 입증되는 복음의 능력이 되어 우리 마음에 복음이 받아들여지게 된다.[3]

이것은 마치 빛이 들지 않는 어두운 방 안에 찬란한 햇빛이 들어오는 것과 같은 것입니다. 빛이 비치기 전에는 자신이 먹고 자고 뒹구는 방이 어떤 상태인지 알지 못했던 사람이 충만한 빛 가운데 눈을 뜨고 비로소 곰팡이로 가득한 방 안을 보게 되는 것입니다. 이 사람은 거룩하고 영광스러운 빛을 따라 더러운 방을 뛰쳐 나올 것입니다. 이것이 회개입니다.

2. 믿음

회개와 믿음은 다른 두 가지 행동처럼 보이지만 사실 한 가지 행동입니다. 회개에는 믿음이 요구되며, 믿음에는 회개가 요구됩니다. 그리스도를 신뢰하지 않고 돌이키는 것

다. 이 내용과 관련해서는 '복음과 구원'이라는 주제로 자세히 다루겠습니다.
[3] 존 파이퍼, 『성경과 하나님의 영광』, 293-294.

이 회개가 아닌 것과 같이, 죄로부터 돌이키지 않고 그리스도를 신뢰하는 것은 믿음이 아닙니다. 이런 점에서 회개와 믿음은 회심이라는 동전의 양면과 같습니다.

이제 회심의 다른 측면인 믿음에 대해 나눠 보겠습니다.

> 성경적 믿음은 지식이나 열심, 고행을 믿는 것이 아니라 그리스도의 공로를 의지하는 것이다. 우리는 그분을 강하게 붙잡는 우리의 믿음을 의지하지 않고, 우리를 그분에게로 들어 올리는 그분의 강한 사랑을 의지한다. 천하장사라도 엘리베이터에서는 자신의 근육을 의지하지 않고 엘리베이터를 끌어 올리는 케이블을 의지한다.[4]

믿음은 신뢰의 대상이 바뀌는 것입니다. 자신의 힘이나 공로가 아니라, 그리스도를 신뢰하는 것입니다.

> 한쪽 어금니가 썩어서 치과의사를 찾은 환자가 있습니다. 이 환자에게 치과의사가 이런 처방을 내린다고 생각해봅시다. "한쪽 어금니의 문제만이 아닙니다. 모든 치아가 뿌리부터 썩어 있어서 모든 이를 다 고쳐야 합니다."
> 우리는 한쪽 어금니가 아파서 치과의사를 찾아온 사람과

---

[4] D.A. 카슨, 『복음이 핵심이다』, 134.

같습니다. 공허감이나 중독이라는 썩은 이를 가진 사람도 있고, 경제적인 문제라는 썩은 이를 가진 사람도 있고, 관계의 문제라는 썩은 이를 가진 사람도 있습니다. 그리고 속으로 이렇게 생각합니다.

'이 아픈 어금니만 나으면 살 수 있을텐데.'

그러나 선한 치과의사께서는 이렇게 말씀하십니다.

"사실 모든 이가 뿌리부터 썩어 있다. 내가 모든 이를 완전히 새롭게 고쳐 주겠다."[5]

믿음은 선한 치과의사이신 그리스도께 모든 이를 전적으로 맡기는 것입니다. 믿음은 내가 아픈 이를 고쳐 보겠다고 칫솔질도 해보고 얼음 찜질도 해보는 식의 행동이 아닙니다. 뿌리부터 썩어 있다면 이런 방식은 아무 소용이 없습니다.

믿음은 그리스도께 모든 것을 맡기는 것이기에 포기를 수반합니다. 자기 스스로 아픈 이를 고쳐보려는 모든 수단을 포기해야만 치과의사에게 전적으로 맡길 수 있습니다.

---

[5] C. S. 루이스, 『순전한 기독교』(서울: 홍성사, 2001), 306-307에 나오는 선한 치과의사의 비유를 주제에 맞게 각색한 것.

모든 이를 뿌리부터 고치는 것은 많은 고통이 뒤따르며 오랜 시간이 걸리는 과정일 것입니다. 그 가운데 이 의사가 정말 선하고 유능한 의사인지 의심이 들 때도 있을 것입니다.

그러나 믿음은 다른 모든 수단을 포기하고 돌이킬 수 없이 자신을 드리는 것입니다. 언젠가 우리의 선한 치과의사께서 모든 이를 새롭게 하실 것을 끝까지 신뢰하는 것입니다. 이것이 믿음입니다.

성경은 오직 믿음으로 구원받는다고 말합니다(롬 1:17; 빌 3:9; 엡 2:8). 이 말은 믿음 자체에 구원하는 힘이 있다는 뜻이 아닙니다. 믿음의 능력은 믿음 자체에 있는 것이 아니라 믿음의 대상이신 그리스도께 있습니다.

> 믿음 그 자체는 결코 아무런 가치도 가지지 않는다. 믿음의 가치는 오직 그 믿음의 대상에서 기인한다. 믿음은 그리스도를 바라보는 눈이요, 그분을 붙잡는 손이며, 그분의 생명의 물을 마시는 입이다.[6]

오직 믿음으로 구원받는다는 것은 자신의 선행이나 업적, 공로 같은 것은 구원에 아무런 도움이 되지 못한다는 것입

---

[6] 존 스토트, 『그리스도의 십자가』, 350.

니다. 우리의 죄는 그런 것들에 의해 치러질 정도로 작지 않습니다. 선행으로 구원에 이르려는 것은 삽으로 태산을 옮기려는 것과 같습니다.

믿음과 행위, 구원의 관계에 대해 좀 더 깊이 살펴보겠습니다. 앞에서 강조한 바와 같이 구원은 오직 믿음을 통해 받는 것입니다. 행위는 구원을 받는 데에 있어 아무런 영향도 주지 못합니다. 하지만 믿음으로 구원받은 사람은 반드시 행위에 변화가 있습니다. 다시 말하면 행위로 구원받는 것은 아니지만, 참된 믿음은 반드시 선한 행위의 열매를 맺는 것입니다.

> 이와 같이 행함이 없는 믿음은 그 자체가 죽은 것이라 (약 2:17).

성경을 보면 마귀들도 하나님을 알고, 그리스도께서 하나님의 아들이라는 사실을 알고 있습니다 (마 8:29; 약 2:19). 하지만 이러한 지적 동의는 믿음이 아닙니다. 이들은 그리스도에게서 하나님의 영광과 아름다움을 보지 못하기 때문에 그분을 사랑하지 못하고, 그 결과 진정으로 변화되지 못하는 것입니다.

하지만 하나님의 은혜로 복음 안에서 하나님의 영광을 보게 된 자들은 그리스도를 점점 사랑하게 됩니다. 이렇게 마음의 뿌리에서부터 변화되는 것입니다. 그리고 이 변화

된 마음으로부터 선한 행위의 열매들이 맺히게 되는 것입니다. 이것이 믿음과 행위와 구원의 관계입니다.[7]

마지막으로 회심에 대한 한 가지 놀라운 말씀을 나누고 이 주제를 마치려고 합니다.

> 너희 중의 누가 망대를 세우고자 할진대 자기의 가진 것이 준공하기까지에 족할지 먼저 앉아 그 비용을 계산하지 아니하겠느냐 그렇게 아니하여 그 기초만 쌓고 능히 이루지 못하면 보는 자가 다 비웃어 이르되 이 사람이 공사를 시작하고 능히 이루지 못하였다 하리라(눅 14:28-30).

이 구절에서 그리스도께서는 우리가 그분을 따르는 비용을 계산해 보라고 하십니다. 그리스도께서는 우리가 그분을 따르는 것에 대해 얼마나 피상적으로 이해하고 있으며, 실제 그분을 따르는 데 있어서 얼마나 건성일 수 있는지를 간파하시는 것입니다.

그리스도를 따르는 대가의 무게를 깊이 느끼지 못하는 사람은 참된 회심에 이르지 못합니다. 그리스도께서는 우리에게 몇 가지 포기가 아니라 모든 것을 요구하실 수 있는

---

[7] 이 두 단락의 내용은 존 파이퍼의 책과 설교에서 많은 영향을 받았습니다. 이 내용과 관련해서는 '복음과 구원'이라는 주제로 자세히 다루겠습니다.

분이십니다(눅 14:33).

그러나 우리는 단지 포기하기 위해 포기하는 것이 아닙니다. 다른 어떤 것과도 비교할 수 없이 존귀한 분을 발견하였기 때문에 포기하는 것입니다.

회심은 밭에 감추어진 보화를 보고 자기 소유를 다 팔아 그 밭을 사는 것이며(마 13:44), 가장 존귀하신 분을 발견하고 모든 자랑을 배설물처럼 여기게 되는 것입니다(빌 3:8). 이분이 예수 그리스도이십니다.

성경은 다음과 같이 말합니다.

> 네가 만일 네 입으로 예수를 주로 시인하며 또 하나님께서 그를 죽은 자 가운데서 살리신 것을 네 마음에 믿으면 구원을 받으리라 사람이 마음으로 믿어 의에 이르고 입으로 시인하여 구원에 이르느니라(롬 10:9-10).

이 글을 보고 계시는 분들 가운데 이제 과거를 청산하고 죄악으로부터 돌이켜 그리스도를 당신의 구원자와 주인으로 받아들이고자 하시는 분은 잠시 조용한 곳으로 가셔서 이 기도를 소리내어 함께 해 주시길 바랍니다.

하나님 아버지,
저는 죄인입니다
이제까지 제 자신을 믿고 제 뜻대로 살아 왔으며,
생각과 말과 행동으로 많은 죄를 지었습니다
이제 죄악에서 돌아키기를 원합니다
저의 죄를 사하여 주시옵소서
그리스도께서 저의 죄를 담당하시고 죽으셨으며,
죽은 자 가운데서 다시 살아 나셨음을 믿습니다
이제 주님께 제 마음의 문을 엽니다
제 안에 들어오셔서 저의 구주가 되어 주시옵소서
저를 변화시키사
이제 주님의 영광을 위해 살게 하여 주시옵소서
살아 계신 예수님의 이름으로 기도드립니다
아멘

3. 복음과 구원[8]

여기서는 '회개'와 '믿음'에서 간략하게 다룬 복음과 구원의 관계에 대해 자세히 살펴보겠습니다.

> 만일 우리의 복음이 가리었으면 망하는 자들에게 가리어진 것이라 그 중에 이 세상의 신이 믿지 아니하는 자들의 마음을 혼미하게 하여 그리스도의 영광의 복음의 광채가 비치지 못하게 함이니(고후 4:3-4).

이 구절은 복음이 사람들에게 가리어질 수도 있고 가리어지지 않을 수도 있음을 말해 줍니다.

복음에서 무엇이 나타나기에 사람들에게 가리어질 수도 있고 그렇지 않을 수도 있는 것일까요?

복음에는 "그리스도의 영광"이 나타납니다. 그런데 "이 세상의 신"이 사람들의 마음을 혼미하게 하여 복음 안에 있는 그리스도의 영광이 그들의 마음에 비치지 못하게 하는 것입니다.

---

[8] 이 주제는 존 파이퍼의 『성경과 하나님의 영광』과 『초자연적 성경읽기』에서 많은 영향을 받음.

> 어두운 데에 빛이 비치라 말씀하셨던 그 하나님께서 예수 그리스도의 얼굴에 있는 하나님의 영광을 아는 빛을 우리 마음에 비추셨느니라(고후 4:6).

그런데 하나님이 은혜를 주시면 온 우주가 흑암이었을 때 "빛이 있으라"(창 1:3)고 말씀하셔서 빛을 창조하셨듯이, 흑암 같은 사람들의 마음에 "하나님의 영광을 아는 빛"이 들어오게 됩니다. 하나님의 영광을 깨닫게 하는 빛이 영혼에 비추이면 이제 그 영혼은 복음 안에서 그리스도의 영광, 즉 하나님의 영광을 보게 되는 것입니다.

> 우리가 다 수건을 벗은 얼굴로 거울을 보는 것 같이 주의 영광을 보매 그와 같은 형상으로 변화하여 영광에서 영광에 이르니 곧 주의 영으로 말미암음이니라(고후 3:18).

그렇다면 하나님의 은혜로 그분의 영광을 보게 된 자들에게는 무슨 일이 일어날까요?

성령으로 말미암아 영혼의 눈을 가린 수건을 벗고 복음에 나타난 그리스도의 영광을 보게 된 자들에게는 그리스도와 같은 형상으로 변화하여 영광에서 영광에 이르는 일, 즉 구원이 일어납니다.

다시 정리해 보겠습니다. 복음에는 그리스도의 영광이 나타나는데 우리는 맹인처럼 이 영광의 빛을 보지 못합니다. 하지만 하나님의 은혜로 성령께서 우리의 영혼에 역사 하시면 마음의 눈을 뜨고 복음 안에서 그리스도의 영광을 보게 됩니다. 맹인이 눈을 뜨는 것 같이 비로소 그리스도 안에 있는 하나님의 존귀하심과 아름다움과 탁월함을 보게 됩니다.

이전에는 불쾌하게 여기거나 관념적으로 여겼던 하나님이라는 존재를 가장 존귀하고 아름답고 탁월한 분으로 보게 되는 것입니다. 그분께 감사와 기쁨으로 나아가며 그분을 사랑하게 되는 것입니다.

사랑에 빠진 사람이 본래 그러하듯이, 그 이후부터는 다른 어떤 것들보다도, 돈이나 성적 쾌락, 권력이나, 타인의 인정 같은 것들보다도 그분을 최고의 보물로 여기게 됩니다. 하나님 이외의 다른 만족의 수단들은 약화되고, 그분만이 최고의 만족이 되는 것입니다.

> 우리는 무한한 기쁨을 준다고 해도 술과 섹스와 야망에만 집착하는 냉담한 피조물들입니다. 마치 바닷가에서 휴일을 보내자고 말해도 그게 무슨 뜻인지 상상하지 못해서 그저 빈민가 한구석에서 진흙 파이나 만들며 놀고 싶어 하는 철없는 아이와 같습니다. 우리는 너무 쉽게 만족합니다. 만약 우리가 영원하고 무한한 행복을 누릴 운명이라면

우리가 바라는 다른 어떤 행복도 가짜이며 기껏해야 참으로 우리를 만족시켜 줄 행복을 상징하는 수준 정도일 것입니다.[9]

하나님으로 인한 기쁨과 만족 가운데 죄를 짓고 싶은 동기는 약해지고 그분과 더욱 교제하고 싶어집니다. 날마다 그분을 닮아 가고 나타내며 찬송하기를 갈망하게 됩니다. 이렇게 그리스도의 장성한 분량에 이르기까지 변화하는 것입니다(엡 4:13). 구원이 일어나는 것입니다.

오직 이 방법만이 진정한 구원을 일으킵니다. 왜냐하면, 이 방법만이 마음의 가장 깊숙한 뿌리까지 변화시키기 때문입니다.

그렇다면 마음의 가장 깊숙한 뿌리는 무엇인가요?

바로 어떤 일을 하는 '동기'입니다.

어떤 일을 할 때 그것이 일반적으로 말하기에 좋은 일, 예를 들어 구제나 선교 같은 것이라 하더라도 우리는 그 일을 악하게 할 수 있습니다(마 6:2; 23:15). 하나님을 사랑하는 것이 아니라 자신을 사랑하는 마음으로 한다면 말입니다. 하지만 복음을 통해 하나님의 영광을 알고 그분을 사랑하

---

[9] C.S. 루이스, 『영광의 무게』(*The Weight of Glory*), 홍종락 역 (서울: 홍성사 2008), 12.

게 된 자들은 어떤 일을 하는 동기가 자기 자신에서 하나님으로 점점 바뀌는 것입니다. 마음의 깊은 뿌리가 변화하는 것입니다.

우리가 자랑할 것이 없음은 날마다 그분을 더욱 사랑하게 되는 것이, 그리고 그로 인해 날마다 변화되는 것이 자신의 힘으로 된 것이 아니라, 성령의 조명하심 가운데 복음을 통해 보는 그분의 영광과 아름다움으로 된 것이기 때문입니다. 이것이 구원이 은혜인 이유입니다.

하나님은 복음을 통해 그분의 영광과 아름다움을 나타내심으로써 이렇게 인간 존재의 뿌리에서부터 변화시키는 참된 구원을 이루어 가십니다. 그리고 인간의 구원으로부터 시작해서 창조 세계 전체를 구원하십니다. 이것이 복음과 구원의 관계입니다.

한 가지 중요한 질문에 답하면서 이 장을 마치겠습니다.

그렇다면 하나님은 왜 그분의 영광을 나타내는 복음을 통해 창조 세계를 구원하시는 것일까요?

창조 세계의 구원은 복음을 통한 하나님의 중요한 목적이지만, 궁극적인 목적은 아닙니다. 하나님이 복음을 통해 뜻하신 궁극적인 목적은 구원받은 창조 세계 가운데 하나님이 영원토록 찬송을 받으시는 것입니다.

너희는 이르기를 우리 구원의 하나님이여 **우리를 구원하여** 만국 가운데에서 건져내시고 모으사 우리로 주의 거룩한 이름을 감사하며 **주의 영광을 드높이게 하소서** 할지어다(대상 16:35).

그런데 만약 복음을 통해 하나님의 영광이 나타나지 않는다면, 복음을 통해 하나님의 거룩과 공의, 그리고 그분의 놀라운 사랑을 알 수 없다면, 우리는 하나님께 진정한 찬송을 드릴 수 없을 것입니다.

하지만 하나님은 복음을 통해 그분의 영광을 나타내셔서 구원받은 창조 세계가 그분을 영원토록 찬송하는 기쁨을 누리게 하십니다. 이것이 하나님이 그분의 영광을 나타내는 복음을 통해 창조 세계를 구원하시는 이유일 것입니다.

제12장

성령

1. 성령은 어떤 분이신가

그리스도께서는 십자가에 달리시기 전날 밤에 제자들에게 성령께서 오실 것을 말씀하십니다.

> 그러나 내가 너희에게 실상을 말하노니 내가 떠나가는 것이 너희에게 유익이라 … 내가 그를 너희에게로 보내리니(요 16:7).

그렇다면 성령은 어떤 분이실까요?
성령은 삼위일체의 한 위격으로서 성부 하나님, 성자 하나님과 동등하신 하나님이십니다.

> 베드로가 이르되 아나니아야 어찌하여 사탄이 네 마음에 가득하여 네가 **성령을** 속이고 땅 값 얼마를 감추었느냐 … 사람에게 거짓말한 것이 아니요 **하나님께로다**(행 5:3-4).

또한, 성령은 성부, 성자와 같은 인격이십니다. 성경의 많은 구절이 성령을 인격으로 나타내고 있습니다.

> 성령은 인격체다. 성령은 근심하고(엡 4:30), 중재하고(롬 8:26-27), 증언하고(요 16:12-15), 말하고(막 13:11), 창조하고(창 1:2; 눅 1:35), 생각하고(롬 8:27), 모독의 대상이 되기도 하신다(막 3:28-29). 예수님은 마지막 인사를 나누면서(요 14-16) "또 다른 보혜사", 즉 예수님의 뒤를 이어 지상에서 사역하실 분, 어떤 면에서는 예수님의 대체자인 성령을 보내겠다고 약속하신다. 비인격적인 힘 같은 것은 예수님이 약속하신 성령이 하실 일에 대한 설명과 맞지 않는다.[1]

그리고 성령은 하나님의 영, 그리스도의 영이십니다.

> 만일 너희 속에 **하나님의 영이** 거하시면 너희가 육신에 있지 아니하고 영에 있나니 누구든지 **그리스도의 영이** 없으면 그리스도의 사람이 아니라(롬 8:9).

---

1 D. A. 카슨, 『복음이 핵심이다』, 203.

성령께서는 창조와 구약 시대, 그리고 그리스도의 사역 가운데에서도 일하셨지만, 그리스도께서 지상 사역을 마치시고 승천하신 후에 본격적으로 역사하십니다. 이런 의미에서 그리스도의 초림과 재림 사이에 이 시대는 성령의 시대라고 말할 수 있습니다.

2. 성령의 사역(1)

성령의 시대에 성령께서 하시는 일들은 일일이 열거하기 어려울 정도로 많습니다. 하지만 그분께서 하시는 많은 사역은 '새롭게 하심'이라는 말로 요약할 수 있습니다.

> 하나님은 - 삼위일체 하나님, 곧 성부, 성자, 성령이시다. 주권적인 지혜와 권능과 사랑 가운데 함께 사역하시는 세 위격은 선택된 백성들의 구원을 성취하신다. 성부는 선택하시고, 성자는 구속함으로써 성부의 의지를 성취하시고, 성령은 새롭게 함으로써 성부와 성자의 목적을 실현하신다.[2]

---

2 존 오웬의, *Death of Death in the Death of Christ*를 소개한 제임스 패커의 글로 팀 켈러의 『센터처치』에서 재인용.

첫째, 성령께서는 예수 그리스도를 증언하시고, 그분의 영광을 나타내심으로써 창조 세계를 새롭게 하십니다.

성령께서는 선지자들과 사도들에게 역사하셔서 그리스도를 증언하는 성경을 쓰게 하셨고, 이 시대에는 수많은 전도자의 입을 통해 그리스도를 증언하십니다.

> 진리의 성령이 오실 때에 **그가 나를 증언하실 것이요**(요 15:26).

성령께서는 그리스도를 증언하실 뿐만 아니라 그리스도의 영광을 나타내십니다. 그분께서는 영적인 어둠으로 가득한 세상에 복음 안에 있는 그리스도의 영광을 조명하셔서 세상이 그리스도께로 나아오게 하십니다.

> **그가 내 영광을 나타내리니** 내 것을 가지고 너희에게 알리시겠음이라(요 16:14).

둘째, 성령께서는 죄를 깨닫게 하심으로써 창조 세계를 새롭게 하십니다.

> 그가 와서 **죄에 대하여**, 의에 대하여, 심판에 대하여 세상을 책망하시리라 **죄에 대하여라 함은 그들이 나를 믿지 아니함이요** (요 16:8-9).

성령께서는 세상이 죄를 깨닫게 하십니다. 왜냐하면, 세상은 죄가 무엇인지, 구원이 왜 필요한지조차 깨닫지 못하고 있기 때문입니다.

사람들은 그리스도를 믿지 않는 것이 왜 죄인지 깨닫지 못합니다. 그리고 자신을 믿지 않는 사람들을 지옥에 보내는 신을 도저히 믿을 수 없다고 말합니다.

비록 무지에서 비롯된 일이더라도 이것은 무죄가 아닙니다. 왜냐하면, '고의적인 무지'이기 때문입니다.

> **이는 하나님을 알 만한 것이 그들 속에 보임이라** 하나님께서 이를 그들에게 보이셨느니라 창세로부터 그의 보이지 아니하는 신성이 그가 만드신 만물에 분명히 보여 알려졌나니 그러므로 그들이 핑계하지 못할지니라 **하나님을 알되 하나님을 영화롭게도 아니하며 감사하지도 아니하고 오히려 그 생각이 허망하여지며 미련한 마음이 어두워졌나니**(롬 1:19-21).

인간의 무지의 원인은 "하나님을 알되 그분을 영화롭게도 아니하며 감사하지도 아니하고"라는 말씀에 잘 나타납니다. 우리는 하나님을 모르기 때문에 그분을 거부한다고 생각하기 쉽습니다. 하지만 성경은 사람들이 하나님에 대한 내적 인식이 있음에도 불구하고 그분을 거부했다고 말합니다. 그로 인해 마음이 더욱 어두워졌다고 말합니다.

하나님에 대한 무지가 불신앙의 원인이 아니라 불신앙이 무지의 원인인 것입니다. 그러므로 불신앙에는 책임이 따르게 됩니다.

이제 세상은 하나님을 향한 갈망과 참된 생명에 대한 필요 자체를 느끼지 못하는 상태입니다. 성령께서는 이 죽은 세상을 흔드시고 죄를 깨닫게 하셔서 그리스도께로 돌아오게 하십니다.

3. 성령의 사역(2)

셋째, 성령께서는 새로운 영적 생명이 태어나게 하심으로써 창조 세계를 새롭게 하십니다. 이것을 '중생' 또는 '거듭남'이라고 합니다.

> 그런데 바리새인 중에 니고데모라 하는 사람이 있으니 유대인의 지도자라 그가 밤에 예수께 와서 이르되 랍비여 우리가 당신은 하나님께로부터 오신 선생인 줄 아나이다 하나님이 함께하시지 아니하시면 당신이 행하시는 이 표적을 아무도 할 수 없음이니이다 **예수께서 대답하여 이르시되 진실로 진실로 네게 이르노니 사람이 거듭나지 아니하면 하나님의 나라를 볼 수 없느니라** (요 3:1-3).

니고데모가 밤에 그리스도께 찾아갑니다. 성경은 니고데모를 바리새인이며 유대인 지도자라고 소개하고 있는데, 당시 바리새인은 율법을 엄격하게 준수했던 사람들이었습니다.

이런 니고데모에게 그리스도께서는 거듭나야 하나님의 나라를 볼 수 있다고 말씀하십니다. 그분의 눈에 니고데모는 죽은 영혼인 것입니다. 니고데모만이 아닙니다. 모든 사람은 죄로 죽은 영혼이기에 거듭나야 합니다(롬 5:12;고전 15:22).

거듭남은 성령께서 죽은 영혼들을 영원한 생명이신 그리스도께 연결하셔서 참된 생명을 받게 하시는 사건입니다. 인간은 시들어 죽어버린 화초이고, 그리스도께서는 거대한 호수이십니다. 성령께서는 죽어버린 화초들로 가득한 정원과 이 거대한 물 근원을 파이프로 연결하셔서 정원을 다시 살리시는 것입니다.

성경의 비유에 따르면 이 일은 땅에 떨어진 나뭇가지가 말라가다가 나무에 접붙임을 받아 뿌리로부터 양분을 공급받고 다시 살게 되는 것입니다(요 15:1-7; 롬 11:17).

> 거듭남은 영적 생명이 없는 곳에 영적 생명을 주는 성령의 초자연적 사역이다. 그러나 요한복음은 다른 부분도 분명히 한다. 성령께서 영적 생명을 주시지만, 오직 예수님과

의 관계 속에서 주신다. 우리는 그리스도와의 연합을 통해 초자연적인 영적 생명을 경험한다. 우리가 거듭날 때, 성령께서 생명의 연합으로 우리를 그리스도와 연결하신다. 그리스도는 생명이다. 그리스도는 생명이 흘러가는 포도나무다. 우리는 가지다(요 15:1-17 참조). 우리가 거듭날 때, 새로운 영적 생명이 예수 그리스도와의 연합을 통해 초자연적으로 창조된다. 성령께서 우리를 길이요 진리요 생명이신 그리스도와 생생하게 연결하신다.[3]

거듭남은 성령께서 인간에게 새로운 생명을 그냥 주시는 것이 아니라, 영원한 생명이신 그리스도와의 연합을 통해 주시는 것입니다. 가지가 나무에 붙어 나무의 생명을 공급받으며 나무의 모습으로 자라나는 것과 같이, 그리스도와 연합하여 그리스도의 생명을 공급 받는 자들은 그리스도의 모습으로 자라나는 것입니다.

넷째, 성령께서는 거듭나게 하실 뿐만 아니라, 거듭난 자들을 자라나게 하심으로써 창조 세계를 새롭게 하십니다. 이것을 '성화'라고 하는데, 성화는 간단히 말해 그리스도를

---

[3] 존 파이퍼, 『거듭남』(*Finally alive*), 전의우 역 (서울: 두란노서원, 2009), 39-40.

닮아 가는 것입니다. 인간이 자라난다는 것은 그리스도를 닮아 가는 것입니다.

제10장에서 다룬 바와 같이 칭의는 단번에 이루어지지만, 성화는 성령 안에서 오랜 세월에 걸쳐 이루어집니다. 그분을 닮아 가는 일에 속성 과정은 없습니다.

그리스도를 닮아 가는 것은 오래 걸리는 과정이기도 하지만 고통스러운 과정이기도 합니다. 고통 없는 성장은 없습니다. 그러므로 하나님의 자녀들은 그리스도를 닮아 가는 과정 가운데 많은 고난과 모욕, 감당하기 힘든 문제들을 겪게 될 것입니다.

> 왜 이런 일이 나에게 일어나고 있는가?
> 왜 하나님은 나의 기도에 응답하지 않으시는가?
> 왜 나는 이런 시련과 고난을 겪어야 하는가?
> 그러나 삶은 처음부터 어렵도록 만들어졌다. 그래야 우리가 성장할 수 있기 때문이다. 이 땅이 천국이 아님을 기억하라.[4]

하지만 성령께서는 우리가 고통을 당할 때 함께 계십니다. 아주 가까이 함께하시며, 우리 마음을 세밀하게 살펴보십니

---

4 릭 워렌, 『목적이 이끄는 삶』(*The Purpose Driven Life*), 고성삼 역 (서울: 디모데, 2003), 227-228.

다. 그분은 모르시는 것이 아닙니다. 오히려 그 고통이 가까운 사람들조차 이해하지 못하는 것이라 할지라도 성령께서는 아십니다.

우리가 겪는 모든 고통스러운 일은 하나님의 실수가 아닙니다. 하나님은 실수가 없으십니다. 성령께서는 모든 것, 갈등과 낙심, 우리의 죄까지 사용하셔서 그분을 사랑하는 자들에게 선을 이루시는 하나님이십니다.

> 우리가 알거니와 하나님을 사랑하는 자 곧 그의 뜻대로 부르심을 입은 자들에게는 모든 것이 합력하여 선을 이루느니라 (롬 8:28).

성령께서는 이 길고 고통스러운 과정 가운데 그분의 자녀들을 끝까지 포기하지 않으십니다. 그분은 완성의 날까지 자녀들을 보호하시며 양육하십니다. 이 완성의 날에 자녀들은 그리스도를 영광스럽게 나타낼 것입니다.

> 너희 안에서 착한 일을 시작하신 이가 그리스도 예수의 날까지 이루실 줄을 우리는 확신하노라(빌 1:6).

한 가지 중요한 내용을 강조하고 이 주제를 마치겠습니다.

그렇다면 성령께서는 성화를 어떻게 이루시는 것일까요?

성령께서는 먼저 신자들의 눈을 열어주셔서 이들이 거룩함을 원하도록 하십니다. 그분께서는 신자들 안에 죄를 죽이고 그리스도를 닮아 가고자 하는 열망을 창조하시는 것입니다.

또한, 성령께서는 이러한 열망을 창조하실 뿐만 아니라, 이 열망을 성경의 계명들과 연결하십니다. 성경의 수백 가지 계명들은 사소한 것이 아닙니다. 하나하나의 계명은 영광스러운 것입니다. 성령께서는 신자들이 성경의 계명들을 영광스럽게 보게 하심으로써 순종하게 하시는 것입니다. 그분께서는 이렇게 하나님의 말씀을 통해 신자들 안에 성령의 열매를 맺으시고 성화를 이루어 가십니다.[5]

성화는 하나님이 하시는 일이지만, 동시에 하나님은 인간에게 거룩해질 것을 요구하십니다. 이것은 성화가 일정 부분은 하나님이 하시는 일이고 일정 부분은 인간이 하는, 신인협력적인 일이라는 뜻이 아닙니다. 오히려 성화는 하나님 편에서 보면 전적으로 하나님이 하시는 일이지만, 인간 편에서 보면 인간이 해야 하는 일이라는 의미입니다.

---

[5] 이 문단의 내용은 존 파이퍼의 설교, '복음 중심 설교의 두 가지 위험성'을 참고.

그러므로 우리는 죄를 이기기 위해, 거룩하여지기 위해, 피흘릴 각오로 싸워야 하는 것입니다.[6]

성화에서의 우리의 적극적인 역할에 대해서는 로마서 8:13에서 바울이 "영으로써 몸의 행실을 죽이면 살리라"고 말하고 있다. 여기서 바울은 '영으로써' 그 일이 가능함을 인정하면서도 동시에 우리가 그 일을 해야 함을 강조한다. 우리가 그 일을 해야만 한다. 육신의 행실을 죽이도록 명령을 받은 것은 성령이 아니라 바로 그리스도인이다.[7]

---

[6] 신자들이 영화에 도달하기 위해 믿음에서 떠나지 않고 성화를 위해 노력해야 한다고 말하는 성경 구절들이 많습니다(막 13:13; 고전 15:2; 빌2:12; 골 1:23; 히 12:14; 요일 3:3). 그렇다면 이 구절들은 신자라도 구원에서 이탈될 수 있다는 것을 암시하는 것일까요?
이 논의와 관련해서 이해해야 할 것은 신자가 영화에 도달하기 위해 조건이 요구된다는 사실이 신자가 영화에 도달하는 것이 불확실함을 의미하는 것은 아니라는 것입니다. 이 주제와 관련하여 존 파이퍼는 조건(conditionality)과 확실성(certainty)을 구분해야 한다고 말합니다. 그는 조건이 있다는 것이 곧 불확실한 것이라는 명제는 성경이 요구하는 것도, 논리가 요구하는 것도 아니라고 말합니다.
성경에는 신자들의 구원이 확실하다고 말하는 구절들이 많습니다(렘 32:40; 요 5:24; 롬 5:9; 8:30; 고전 1:8;10:13; 빌 1:6; 살전 5:23; 요일 5:11; 유1:24). 이것은 신자들이 영화에 도달하기 위한 조건이 있다는 사실과 상충되는 것이 아닙니다. 참된 신자는 하나님의 사랑 안에서 믿음에서 떠나지 않고 성화를 이루는 가운데 확실하게 구원받을 것입니다.
[7] 웨인 그루뎀, 『성경핵심교리』, 575.

성령께서는 이렇게 그리스도의 영광을 나타내시고, 죄를 깨닫게 하시고, 거듭나게 하시고, 성화를 이루어 가심으로써 창조 세계를 새롭게 하십니다.

제13장

교회

1. 교회란 무엇인가

그리스도께서 십자가를 지시기 전날 밤의 겟세마네 언덕으로 올라가 봅시다. 이곳에는 자신이 맞닥뜨릴 일에 대해 고뇌하며 기도하시는 한 분이 계십니다(막 14:34-36).

> 순교자들은 기뻐했지만, 그분은 슬퍼하셨다. 순교자들은 열정에 불타고 있었지만, 그분은 망설이셨다. … 순교자들은 머뭇거리지 않았던 그 순간에 만약 그분이 머뭇거렸다면 어떻게 순교자들은 그분에게서 영감을 얻을 수 있었을까? 그렇다면 모든 것이 갑자기 바뀌었단 말인가? 결국, 시험의 순간이 다가오니까 그분은 겁쟁이가 되셨단 말인가? 결단코 아니다!¹

---
1 존 스토트, 『그리스도의 십자가』, 140.

그리스도께서 받으셔야 하는 고통은 순교자들의 고통과는 다른 것이며, 역사 가운데 담대히 죽음을 맞이했던 자들이 받은 고통과도 다른 것이었습니다. 이 고통은 성자 하나님께서 성부께 버림받으시는 고통입니다(마 27:46; 요 10:30).

> 칼뱅이 말했듯이, "만약, 그리스도께서 육신만 죽으셨다면 그 죽음은 유효하지 못했을 것이다. … 만약 그분의 영혼이 그 형벌을 함께 받지 않으셨다면 그분은 육신의 구속자 밖에 되지 못하셨을 것이다."
>
> 결과적으로 "그분은 정죄 받고 버림받은 인간의 무서운 고통을 그의 영혼으로까지 감당하심으로써 더 크고 엄청난 값을 치르신다."
>
> 이와 같이 실제적이고도 무서운 분리가 성부와 성자 사이에서 일어났다. 이 분리는 성부와 성자가 자발적으로 받아들이신 것이다. 그 분리는 우리의 죄와 거기에 해당되는 공평한 보응으로 말미암았다. 그리고 예수님은 그 분리를 유일하게 정확히 묘사하셨으며 자신이 완전히 성취하신 바, "나의 하나님, 나의 하나님, 어찌하여 나를 버리셨나이까"를 인용하심으로써 이 끔찍하고 거대한 흑암을 표현하셨다.[2]

---

2 존 스토트, 『그리스도의 십자가』, 150-151.

그런데 성경은 그리스도께서 교회를 위하여 이 고통을 겪으셨다고 말합니다. 교회가 무엇인지 나누기 전에 이 사실에 놀라야 합니다. 그리스도께서는 교회를 위하여 하나님께 버림받으시는 고통을 감수하셨습니다.

> 그리스도께서 교회를 사랑하시고 **그 교회를 위하여 자신을 주심같이** (엡 5:25).

그렇다면 교회는 무엇일까요?

교회의 어원인 헬라어 '에클레시아'라는 말은 그리스도께서 베드로가 한 신앙고백 위에 교회를 세우실 것이라고 하신 말씀에서 처음 사용되었습니다.

> 이르시되 너희는 나를 누구라 하느냐 시몬 베드로가 대답하여 이르되 주는 그리스도시요 살아 계신 하나님의 아들이시니이다 … **내가 이 반석 위에 내 교회를 세우리니** (마 16:16,18).

그러므로 교회는 기본적인 의미에서 베드로와 같이 '주는 그리스도시요 살아 계신 하나님의 아들이시니이다'라고 고백하는 신자들의 모임입니다.

그런데 사람이 그리스도를 믿는다는 것은 그 사람이 그리스도와 연합되었음을 나타내는 것입니다. 가지가 나무에 접붙임을 받은 것과 같이 사람이 그리스도와 연합될 때 그분을 믿는다고 고백하게 되는 것입니다. 그러므로 교회는 그리스도와 연합된 자들의 모임입니다.

그리스도와의 수직적인 연합은 신자들 간의 수평적인 연합으로 이어집니다. 성경은 이 연합을 '가족'의 모습으로 표현합니다. 교회는 한 아버지와 맏아들 아래 있는 형제, 자매들입니다(롬 8:29). 성경은 이 연합을 '한 몸'이라고도 표현합니다. 교회는 그리스도께서 머리 되신 몸의 지체들입니다(엡 4:15-16).

그리스도께서 하나님과 분리되심으로써 진노와 저주를 당하신 목적은 역설적이게도 우리가 하나님과, 그리고 서로 간의 연합함으로써 사랑과 복을 얻게 하려 하심입니다.

또한, 성경은 교회를 그리스도의 양 무리라고 말합니다.

> 그가 자기 양의 이름을 각각 불러 인도하여 내느니라 … 나는 양을 위하여 목숨을 버리노라(요 10:3,15).

앞에서 교회는 베드로와 같이 '주는 그리스도시요 살아계신 하나님의 아들이시니이다'라고 고백하는 신자들의 모임이라고 했습니다. 하지만 이것은 단지 배웠다거나 누군가 강요한다고 믿을 수 있는 것이 아닙니다. 그리스도의 양이어야 믿을 수 있는 것입니다.

제13장 교회 191

너희가 내 양이 아니므로 믿지 아니하는도다 내 양은 내 음성을 들으며 나는 그들을 알며 그들은 나를 따르느니라(요 10:26-27).

성경은 하나님이 창세 전에 그리스도의 양들을 택하셨다고 말합니다. 하나님은 그분의 영광스러운 목적을 위해 이들을 예정하셨습니다.

곧 창세 전에 그리스도 안에서 우리를 택하사 우리로 사랑 안에서 그 앞에 거룩하고 흠이 없게 하시려고 그 기쁘신 뜻대로 **우리를 예정하사**(엡 1:4-5).

이들이 무슨 자격이 있어서 택하심을 받은 것이 아닙니다. 하나님의 택하심은 우리의 자질이나 가능성, 행위에 근거한 것이 아닙니다. 이것은 영원 전부터 그리스도 안에서 우리에게 주신 은혜에 따른 것입니다(딤후 1:9). 이제 하나님은 그리스도로 말미암아 택하신 자들을 구원하십니다.

예수 그리스도로 말미암아 자기의 아들들이 되게 하셨으니(엡 1:5).

그러므로 그리스도의 양들은 자격이 없는 자를 택하시고 구원하시는 하나님의 놀라운 은혜를 찬송합니다. 교회는 영원토록 하나님의 은혜의 영광을 찬송하는 그리스도의 양 무리입니다.

> 이는 그가 사랑하시는 자 안에서 우리에게 거저 주시는 바 그의 은혜의 영광을 찬송하게 하려는 것이라(엡 1:6).

2. 하나님의 주권과 인간의 책임

여기에서 하나님의 주권과 인간의 책임에 관한 어려운 문제를 짚고 넘어가는 것이 좋겠습니다. 성경의 많은 구절은 사람이 구원을 받는 것이 오직 하나님의 주권에서 비롯된 선택에 의한 것이라고 말합니다.

> **곧 창세 전에 그리스도 안에서 우리를 택하사** 우리로 사랑 안에서 그 앞에 거룩하고 흠이 없게 하시려고 그 기쁘신 뜻대로 우리를 예정하사(엡 1:4-5).

> 하나님의 사랑하심을 받은 형제들아 **너희를 택하심을 아노라** 이는 우리 복음이 너희에게 말로만 이른 것이 아니라 또한 능력과 성령과 큰 확신으로 된 것이니라(살전 1:4-5).

주께서 사랑하시는 형제들아 우리가 항상 너희에 관하여 마땅히 하나님께 감사할 것은 하나님이 **처음부터 너희를 택하사** 성령의 거룩하게 하심과 진리를 믿음으로 구원을 받게 하심이니(살후 2:13).

그 자식들이 아직 나지도 아니하고 무슨 선이나 악을 행하지 아니한 때에 **택하심을 따라 되는 하나님의 뜻이 행위로 말미암지 않고 오직 부르시는 이로 말미암아 서게 하려 하사**(롬 9:11).

그런즉 어떠하냐 이스라엘이 구하는 그것을 얻지 못하고 오직 **택하심을 입은 자가 얻었고** 그 남은 자들은 우둔하여졌느니라(롬 11:7).

이방인들이 듣고 기뻐하여 하나님의 말씀을 찬송하며 **영생을 주시기로 작정된 자는 다 믿더라**(행 13:48).

밤에 주께서 환상 가운데 바울에게 말씀하시되 두려워하지 말며 침묵하지 말고 말하라 내가 너와 함께 있으매 어떤 사람도 너를 대적하여 해롭게 할 자가 없을 것이니 **이는 이 성중에 내 백성이 많음이라 하시더라**(행 18:9-10).

어떤 분들은 이렇게 질문하실 것입니다.

"하나님이 구원 받을 사람들을 미리 택하셨다면 그것은 멸망당할 사람들도 미리 택하셨다는 뜻이 아닙니까?

그렇다면 그들이 멸망당하는 책임도 하나님께 있는 것이 아닙니까?"

이 질문에 대해 마틴 로이드 존스는 이렇게 말합니다.

> 로마서 9장 6-29절에서 바울은 왜 어떤 사람이 구원을 받게 되는지 설명한다. 그것은 하나님의 절대주권에서 비롯된 선택을 통해서다. 30-33절은 왜 어떤 사람은 구원받지 못하는지 밝히는데 그것은 그 사람 자신의 책임 때문이다. … 6-29절에 잘 나와 있듯이 하나님이 절대주권으로 누군가를 선택하지 않으신다면 어느 누구도 구원받지 못할 것이다. 인간을 구원하는 것은 하나님의 사역으로만 설명할 수 있다.
>
> 그렇다면 왜 구원받지 못하는 사람들이 있는가? …
>
> 그들이 복음을 거부했기 때문에 구원받지 못한 것이다. 복음을 거부하는 것은 우리의 책임이지만, 복음을 받아들이는 것은 우리의 공로가 아니다.[3]

---

3 팀 켈러, 『당신을 위한 로마서 II』 (*Romans 8-16 For You*), 김건우 역 (서울: 두란노서원, 2015), 118에 있는 마틴 로이드 존스의 글 재인용. 이 주제에 대해 깊이 이해하고자 하시는 분들은 더글라스 무의

이 주제에 대한 성경의 진리는 다음과 같이 요약할 수 있습니다. '인간이 구원을 받는 것은 오직 하나님의 택하심에 의한 것이지만, 인간이 멸망당하는 것은 복음을 거부한 자신의 선택에 의한 것이다.'

이 진리는 모순처럼 보입니다. 그렇다면 성경에 오류가 있는 것일까요?

성경 기자들이 실수를 저지른 것일까요?

분명한 것은 이것이 실수가 아니라는 것입니다. 성경을 보면 이러한 진리가 매우 의도적으로 표현되어 있음을 알 수 있습니다.

> 인자는 이미 작정된 대로 가거니와 그를 파는 그 사람에게는 화가 있으리로다 하시니 (눅 22:22).

> 과연 헤롯과 본디오 빌라도는 이방인과 이스라엘 백성과 합세하여 하나님께서 기름부으신 거룩한 종 예수를 거슬러 하나님의 권능과 뜻대로 이루려고 예정하신 그것을 행하려고 이 성에 모였나이다 (행 4:27-28).

『NICNT 로마서』(*The epistle to the romans*), 손주철 역 (서울: 솔로몬, 2011), 810-815, 존 파이퍼의 『하나님은 의로우신가』(*The Justification of God*), 김귀탁 역 (서울: 지평서원, 2014)을 참고하시기 바랍니다.

> 그가 하나님께서 정하신 뜻과 미리 아신대로 내준 바 되었거늘 너희가 법없는 자들의 손을 빌려 못박아 죽였으나(행 2:23).

사도행전 2장 23절은 예수님이 십자가에 달려 죽으신 것은 하나님의 계획에 따른 것이지만 "법 없는 자들"에 의한 것이기도 하다고 말한다. 예수님을 죽인 사람들의 행위는 악하고 법적인 책임을 피할 수 없지만 하나님은 이들의 악한 의도를 이용하셔서 당신이 원하신 정확한 때와 방법대로 예수님을 십자가에 못 박으셨다.[4]

인간의 유한한 생각으로는 하나님의 주권과 인간의 책임에 대한 진리를 완전히 이해할 수 없지만, 분명한 것은 성경이 이것을 말하고 있다는 것입니다. 언젠가 완전한 빛 가운데 이해할 수 있을 때까지 우리는 이 진리를 겸손하게 받아드려야 합니다.

---

[4] 팀 켈러, 『당신을 위한 로마서 II』, 298-299.

3. 교회, 구원, 하나님 나라

9장에서 살펴본 바와 같이 그리스도께서는 십자가 위에서 죄와 사망의 권세를 꺾으시고 창조 세계에 대한 그분의 주권을 선포하셨습니다. 이제 우리는 창조 세계의 모든 영역에 그리스도의 깃발을 꽂기 위해 싸워야 합니다. 이 일을 위해 교회가 부르심을 받았습니다.

> 각 군대는 두 군주 중 하나에게 충성을 바칠 의무를 지고 있다. 서로 획득하려고 싸우고 있는 영토는 하나님의 창조 세계인데, 하나님의 원수인 사탄은 무력으로 그 영토에 침입하여 창조 세계를 점령하고 있다. 하나님은 예수 그리스도 안에서 자신의 합법적 영토를 회복시키기 위해 반격을 개시하였고 예수 그리스도의 죽음과 부활에 의해 승리는 원칙적으로 성취되었다. 하나님은 창조 세계에 교두보를 세우셨으며 전 창조 세계에 대한 권한을 선포하셨다. 우리는 이제 그리스도의 결정적 승리와 전 영토 위에 그분의 주권이 완전히 확립될 시기 사이에 살고 있다. 그리스도의 용사와 사탄의 하수인 사이에서 여전히 벌어지고 있는 전투는 소탕 작전의 성격을 지니고 있다.[5]

---

[5] 알버트 월터스, 『창조, 타락, 구속』, 118.

이 전쟁은 혈과 육에 속한 것이 아니고(엡 6:12), 교회도 그리스도의 늑대들이 아니므로 이 싸움을 위해 도끼를 들려고 해서는 안됩니다. 그리스도의 양들은 도끼가 아니라 복음을 들고 이 전쟁에 나갑니다. 교회는 복음을 담대히 전파하여 죄와 사망의 권세 아래 있는 자들을 불러내야 합니다.

교회는 양 우리 안에 있는 그리스도의 양들입니다. 하지만 우리 밖에 수많은 그리스도의 양이 있습니다. 교회는 복음을 전파하여 우리 밖에 있는 그리스도의 양들을 우리 안으로 이끌고 와야 합니다.

> 또 이 우리에 들지 아니한 다른 양들이 내게 있어 내가 인도하여야 할 터이니 그들도 내 음성을 듣고 한 무리가 되어 한 목자에게 있으리라(요 10:16).

복음을 전하는 일은 실패하지 않습니다. 왜냐하면, 그리스도의 양들이라면 복음 안에 있는 그리스도의 음성을 듣기 때문입니다(요 10:26-27). 그러므로 교회는 양들이 그리스도께로 돌아올 것을 기대하며 온 열방 가운데 복음을 전해야 합니다.

이 시대는 이미 잔치가 준비되었지만, 아직 시작하지 않은 시대입니다. 이 시대는 이미 심판이 준비되었지만, 아직 실행되지 않은 시대입니다. 그리고 이 시대는 이미 복음이 전파되었지만, 아직 온 열방 가운데 전파되지 않은 시대입니다. '이미 그러나 아직'이라고 불리는 이 시대에 교회는 복음을 전파해야 합니다.

또한, 교회는 거룩함으로 무장하고 이 전쟁에 나가야 합니다. 그리스도의 양들은 그리스도의 피에 힘입어 죄 사함을 받고 성령 안에서 거룩해지는 존재들입니다. 이 거룩함이야말로 양들의 무기입니다.

그리스도의 양들이 성령 안에서 하나님의 말씀으로 거룩하여질 때 죄와 사망의 더러운 세력들은 점점 입지가 좁아질 것입니다. 이렇게 창조 세계는 점차 회복되고 하나님의 나라는 이루어져 갈 것입니다.

4. 교회와 하나님의 영광

교회는 창세 전에 택하심을 받았을 뿐만 아니라 영원토록 그리스도와 함께 하는 존재들입니다. 교회는 영원히 목자이신 그리스도와 함께하며 그분을 닮아 가는 그리스도의 양 무리입니다.

우리가 만나는 더없이 우둔하고 지루한 사람이라도 언젠가 둘 중 하나가 될 것입니다. 미래의 그 모습을 우리가 볼 수 있다면 당장에라도 무릎 꿇고 경배하고 싶어질 존재가 되거나, 지금으로선 악몽에서나 만날 만한 소름 끼치고 타락한 존재가 되거나. 이 사실을 꼭 기억하고 살아야 합니다. … 서로에게 합당한 경외심과 신중함을 갖고 모든 우정, 사랑, 놀이, 정치 행위에 임해야 합니다.

평범한 사람은 없습니다. 우리가 대화를 나누는 이들은 그저 죽어서 사라질 존재가 아닙니다. 국가, 문화, 예술, 문명과 같은 것들은 언젠가 사라질 것이며 그것들의 수명은 우리 개개인에 비하면 모기의 수명과 다를 바 없습니다. 그러나 우리가 농담을 주고받고, 같이 일하고, 결혼하고, 무시하고, 이용해 먹는 사람들은 불멸의 존재들입니다. 불멸의 소름끼치는 존재가 되거나 영원한 광채가 될 이들입니다.[6]

인간은 모두 불멸의 존재로 창조되었습니다. 그 가운데에 그리스도를 믿는 자들은 하나님의 은혜로 새로운 생명을 받고 영원한 변화의 과정에 들어선 사람들입니다.

---

6 C. S. 루이스, 『영광의 무게』, 33-34.

지금은 그렇지 않아 보인다 할지라도 만약 이들의 영원 후의 모습을 본다면 영광을 나타내는 광채 가운데 눈이 부실 것입니다.

> 땅의 티끌 가운데에서 자는 자 중에서 많은 사람이 깨어나 영생을 받는 자도 있겠고 수치를 당하여서 영원히 부끄러움을 당할 자도 있을 것이며 지혜 있는 자는 궁창의 빛과 같이 빛날 것이요 많은 사람을 옳은 데로 돌아오게 한 자는 별과 같이 영원토록 빛나리라(단 12:2-3).

교회는 그리스도를 영원히 닮아 가는 가운데 그분의 영광을 나타낼 것입니다. 교회는 영광의 광채를 비추는 정결한 거울로 다듬어질 것입니다. 이렇게 교회는 별과 같이 영원토록 빛날 것입니다.

그렇다면 교회는 어떤 모습으로 하나님의 영광을 창조 세계에 나타내는 것일까요?

이 주제와 관련해서 교회의 하나 됨을 강조하고자 합니다.

> 아버지여, 아버지께서 내 안에, 내가 아버지 안에 있는 것 같이 그들도 다 하나가 되어 우리 안에 있게 하사 세상으로 아버지께서 나를 보내신 것을 믿게 하옵소서(요 17:21).

> 곧 내가 그들 안에 있고 아버지께서 내 안에 계시어 그들로 온전함을 이루어 하나가 되게 하고자 함은 아버지께서 나를 보내신 것과 또 나를 사랑하심 같이 그들도 사랑하신 것을 세상으로 알게 하려 함이로소이다(요 17:23).

이 성경 구절이 말하고자 하는 것은 교회의 하나 됨에 세상으로 하여금 그리스도를 믿게 하고 하나님이 교회를 사랑하신다는 것을 알게 하는 힘이 있다는 것입니다.

교회가 사랑으로 하나 될 때 삼위일체 하나님의 하나 되심을 표현하게 되고, 이것을 보는 사람들은 교회를 통해 하나님의 영광을 보게 되는 것입니다. 이렇게 교회는 창조 세계에 영광의 광채를 비추는 것입니다. 그리고 세상은 이 빛을 보고 그리스도께로 나아오며 하나님께 영광을 돌리게 되는 것입니다(행 2:43-47).

하지만 이것은 말처럼 쉬운 일이 아닙니다. 교회에서 예배만 드릴 때는 이것이 왜 그토록 어려운 일인지 잘 알지 못하지만 직분이나 사역을 맡게 되고 교회 안으로 깊숙이 들어올수록 왜 많은 성도가 교회의 하나 됨을 최우선 순위로 기도하는지 조금이나마 이해하게 됩니다. 교회의 하나 됨은 저절로 이루어지지 않습니다. 성도들의 희생과 아픔을 통해 이루어집니다.

교회는 하나님 나라라는 목적지로 가고 있지만 아직 하

나님 나라는 아닙니다. 신자들도 의로운 자라 칭함 받고 성화의 길을 가고 있지만 여전히 죄인의 부패한 모습을 가지고 있습니다. 마르틴 루터의 표현처럼 '의인인 동시에 죄인'인 것입니다.

또한, 교인들은 기질과 살아 온 배경, 성경에 대한 관점에 있어서 천차만별이고, 이단과 사이비 집단들은 교회를 쪼개놓기 위해 혈안이 되어 있습니다. 이런 상황에서 교회가 하나 되는 것은 불가능에 가까운 일처럼 보입니다.

그러나 교회는 어린 양 같은 모습으로 나아갑니다. 그리스도께서 십자가를 지시고 갈보리 언덕을 향해 연약한 발걸음을 옮기셨던 것처럼, 지금도 교회의 하나 됨을 위해 자기 십자가를 지고 연약한 발걸음을 옮기는 성도들이 있습니다. 교회는 이 모든 발걸음 가운데 하나님 나라에 가까워지고, 그리스도께서 십자가 위에서 나타내신 하나님의 영광을 나타냅니다.

양들은 늑대가 아니기에 이 세상에서 연약한 모습으로 많은 고난과 억울한 일을 당해야 할지 모릅니다. 하지만 그 가운데 복음이 전파되고, 하나님 나라가 이루어지며, 도살당한 어린 양의 영광이 나타날 것입니다. 교회는 그리스도의 양들이며, 그리스도는 양들의 하나님이십니다.

제14장

재림, 심판, 완성

1. 재림과 심판

우린 끝까지 싸울 것입니다. 우린 프랑스에서, 바다와 대양에서 싸울 것입니다. 큰 자신감과 강인함으로 하늘에서 싸울 것이며, 어떻게든 우리나라를 지켜 낼 것입니다. 우린 해안가에서, 상륙지에서, 들판과 거리, 언덕에서도 싸울 것입니다. 우린 절대 항복하지 않을 것입니다. 만약 우리나라가 정복당하고 굶주릴지라도, … 계속 싸울 것이며 가까운 장래에 강력한 힘을 가진 신세계가 구세계를 구하고 해방할 것입니다.[1]

교회는 끝까지 싸울 것입니다. 죄와 사망의 권세 아래 있는 사람들을 구해 내기 위해 싸울 것입니다. 창조 세계의

---

[1] 크리스토퍼 놀란 감독의 영화 〈덩케르크〉(2017)의 마지막 대사.

모든 영역에서 하나님의 나라를 이루며, 하나님의 영광을 나타내기 위해 싸울 것입니다.

이 싸움의 끝에 그리스도께서 하늘의 거대한 점령군을 거느리시고 다시 오실 것입니다. 이천 년 전 구유에 누인 아기로 오신 그리스도께서는 이제 천상의 군대를 이끄시는 정복자로 오실 것입니다.

저리로서 산 자와 죽은 자를 심판하러 오시리라

그리스도께서는 부패한 세상을 심판하시기 위해 다시 오실 것입니다. 그분께서는 모든 인간을 양과 염소를 나누는 것 같이 구분하실 것입니다. 양들은 영원한 기쁨을 누리며 살게 되겠지만 염소들은 영원한 고통을 받게 될 것입니다.

> 인자가 자기 영광으로 모든 천사와 함께 올 때에 자기 영광의 보좌에 앉으리니 모든 민족을 그 앞에 모으고 각각 구분하기를 목자가 양과 염소를 구분하는 것 같이 하여 양은 그 오른편에 염소는 왼편에 두리라 … 그들은 영벌에, 의인들은 영생에 들어가리라 하시리라 (마 25:31, 46).

은혜의 때가 지나가면 그리스도께서는 더 이상 자비를 베풀지 않으실 것입니다. 더 이상 사람들의 신음과 울부짖음을 듣지 않으실 것입니다. 그분께서는 그들에게 맹렬한 진노를 쏟아부으실 것입니다.

> 땅의 임금들과 왕족들과 장군들과 부자들과 강한 자들과 모든 종과 자유인이 굴과 산들의 바위 틈에 숨어 산들과 바위에게 말하되 우리 위에 떨어져 보좌에 앉으신 이의 얼굴에서와 그 어린 양의 진노에서 우리를 가리라 그들의 진노의 큰 날이 이르렀으니 누가 능히 서리요 하더라(계 6:15-17).

그리스도께로 돌아오지 않고 끝까지 반역하는 자들은 영원한 고통을 받을 것입니다. 그 고통은 막연한 고통이 아닐 것입니다. 왜냐하면, 그들은 부활의 몸을 입고 심판대 앞으로 나올 것이기 때문입니다(요 5:29; 행 24:15).

그들은 마귀와 그의 사자들을 위해 준비된 영원한 형벌을 받을 것입니다(마 25:41). 그들은 더 이상 자비와 구원이 없는 끝이 없는 아득한 고통을 받을 것입니다.

> 그 고난의 연기가 세세토록 올라가리로다 짐승과 그의 우상에게 경배하고 그 이름의 표를 받는 자는 누구든지 밤낮 쉼을 얻지 못하리라(계 14:11).

2. 지옥은 꼭 필요한 것인가

어떤 분들은 이렇게 물으실 것입니다.

"어떻게 사랑의 하나님이 영원한 형벌을 허락하실 수 있습니까?

지옥에서 영원토록 극심한 고통을 받는다는 것은 너무 가혹한 것 아닙니까?"

이에 대해 두 가지 측면에서 나눠 보겠습니다.

첫째, 지옥에 가는 것이 기본적으로 자신의 선택이라는 것입니다.

> 하나님을 모르는 자들과 우리 주 예수의 복음에 복종하지 않는 자들에게 형벌을 내리시니 이런 자들은 **주의 얼굴과 그의 힘의 영광을 떠나** 영원한 멸망의 형벌을 받으리로다 (살후 1:8-9).

이 세상이 부패하였어도 완전히 지옥처럼 변하지 않는 것은 하나님의 선하심과 은혜의 빛이 비치고 있기 때문입니다. 그런데 그분의 빛에서 완전히 떨어져 있는 곳이라면 그곳의 부패는 이루 말할 수 없을 것입니다. 이곳이 지옥입니다. 지옥은 본질적으로 하나님의 선하심에서 분리된 곳입니다.

그런데 사실상 불신자들은 이 지옥을 스스로 선택하는 것입니다. 왜냐하면, 그들은 하나님의 빛보다 우상의 어둠을 더욱 사랑하기 때문입니다. 그들은 하나님의 선하심과 은혜의 빛이 들지 않는 곳을 선택한 것입니다.

> 그 정죄는 이것이니 곧 빛이 세상에 왔으되 사람들이 자기 행위가 악하므로 **빛보다 어둠을 더 사랑한 것이니라**(요 3:19).

둘째, 지옥은 하나님의 공의를 나타내는 곳으로써 반드시 있어야 한다는 것입니다.

십자가로 열린 은혜의 길 위에서 그리스도께서는 오래 참으심과 자비로 두 팔을 벌리시고 돌이키는 자들을 맞아 주십니다. 하지만 이 길은 영원히 열려 있는 것이 아닙니다. 은혜의 때는 영원한 것이 아닙니다.

이 시기가 지나가면 하나님은 끝까지 그리스도를 거부한 자들을 공의로 대하실 것입니다. 왜냐하면, 그들의 죄는 사함을 받지 못했기 때문입니다. 만약 하나님이 그리스도를 거부한 자들을 눈감아 주신다면 대가가 치러지지 않은 죄를 용인하시는 것이고, 그렇다면 하나님이 죄를 지으시게 되는 것입니다.

그러므로 심판은 반드시 필요한 것입니다. 하나님이 그분의 완전한 공의를 나타내시기 위해 지옥은 반드시 필요한 것입니다. 여기까지 이해한다고 하더라도 이런 의문이 들 수 있습니다.

"하지만 꼭 그 형벌이 영원해야만 하는 것인가요?"

몇 주 전에 장인어른이 자전거를 타시다가 고관절이 부러지신 일이 있었습니다. 장인어른은 구급차에 실려 가셨고, 아내도 연락을 받고 급히 병원으로 갔습니다.

그곳에서 아내는 아버지가 그토록 고통스러워하는 모습을 처음 보았습니다. 아내는 처음 보는 아버지의 비명과 신음에 놀라고 당황해서 눈물을 흘리며 저에게 전화를 했습니다. 장인어른의 고통과 아내의 슬픔이 깊이 전해지며 마음이 아팠습니다.

고관절이 수 조각 나며 부서지는 일은 사는 동안 겪을 수 있는 가장 극심한 고통 중에 하나일 것입니다. 하지만 그것이 아무리 고통스럽다 하더라도 지옥에서 겪는 고통과는 비교도 할 수 없을 것입니다. 지옥에서는 놀라고 당황하며 비명을 지르는 일들로 정신이 아득해질 것입니다. 그리고 이 참혹한 광경을 사랑하는 가족이 목격한다면 그 비통함은 이루 말할 수 없을 것입니다.

저의 사랑하는 아버지가 떠올랐습니다. 아버지를 전도할 때는 감정을 다스리기 어렵습니다. 다른 사람들을 전도할 때는 그렇지 않을 때가 많습니다. 그들의 가벼운 거부 의사에도 정중하게 돌아설 때가 많습니다. 하지만 아버지를 전도할 때는 지옥에 대한 생각이 영혼을 짓누르고 마음을 뒤집어 놓아 이 일이 꼭 말다툼이 되게 만듭니다.

그래서 이런 질문을 하는 분들의 마음을 충분히 이해합니다. 그러나 영원한 형벌만 실감이 나지 않을 정도로 큰 것이 아닙니다. 하나님의 무한한 존귀하심은 인간의 이성으로 가늠할 수 없는 것입니다. 하나님은 거룩하신 분이십니다.

그러므로 그분을 거절하고, 모욕할 뿐만 아니라 창조 세계 가운데 역겨운 방식으로 나타내는 인간의 죄는 결코 작은 것이 아닙니다. 이것은 극악한 것입니다.

> 무한하고 영광스러운 우주의 창조자 그에게서 모든 만물이 나오고 만물의 존재 이유가 되시는 분(롬 11:36), 만민에게 생명과 호흡과 만물을 친히 주시는 분(행 17:25), 그 하나님이 세상의 모든 인간에 의해 무시당하고 의심을 받고, 거역을 당하고 모욕을 받으십니다. 그것은 온 우주에서 가장 극악한 폭력입니다.[2]

지금은 은혜의 때입니다. 죄인들을 대신하여 죄의 막대한 대가를 치르신 그리스도의 은혜 아래로 피할 수 있는 때

---

2 존 파이퍼, 『복음과 하나님의 의』, 15.

입니다. 하지만 이 시기가 지나가고 하나님께 끝까지 반역한다면, 그분의 자비로운 손길을 끝까지 거부한다면, 유한한 인간이 그 모든 죄의 대가를 감당해야 합니다.

어떻게 감당할 수 있겠습니까?

영원히 감당하는 수밖에 없습니다. 심판이 시행되는 날에, 모든 감춰진 것들이 알려질 때, 아무도 그분의 심판이 불의하다고 말할 수 없을 것입니다. 하나님의 공의로운 심판은 모든 인간과 천사와 창조 세계 가운데에서 하나님의 영광을 나타낼 것입니다.

> 내가 들으니 하늘에 허다한 큰 무리의 큰 음성 같은 것이 있어 가로되 할렐루야 구원과 영광과 능력이 우리 하나님께 있도다 그의 심판은 참되고 의로운지라 (계 19:1-2).

3. 완성

최후 심판 후에, 신자들은 영원토록 하나님의 면전에 있는 생명의 충만한 기쁨으로 들어갈 것이다. 예수님께서는 우리에게 이렇게 말씀하실 것이다. "내 아버지께 복 받을 자들이여 나아와 창세로부터 너희를 위하여 예비된 나라를 상속하라" (마 25:34).

> 우리는 "다시 저주가 없으며 하나님과 그 어린 양의 보좌가 그 가운데 있으리니 그의 종들이 그를 섬길"(계 22:3) 왕국으로 들어갈 것이다.[3]

그리스도 재림 이후 창조 세계의 구속은 완성될 것입니다. 성경은 이 최종적인 완성을 "새 하늘과 새 땅"이라는 말로 표현합니다(사 65;17; 벧후 3:13; 계 21:1). 하나님은 죄로 인해 부패한 만물을 새롭게 회복하시는 것입니다(마 19:28).

창조의 절정이 인간이 하나님의 형상을 따라 창조된 것이듯이, 새 창조의 절정도 인간이 하나님의 형상을 회복하는 것입니다.

아담 이후 인간은 스스로 하나님과 같은 존재가 되려고 했지만 오히려 비천하고 타락한 존재가 되었습니다. 그들은 하나님의 일그러진 형상이 된 것입니다.

하지만 하나님은 창세 전에 택하신 자들을 부르셔서 그리스도 안에서 완전한 자로 여기시고, 하나님의 완벽한 형상이신 그리스도를 닮게 하십니다. 그리고 언젠가 그리스도와 같은 모습으로 완성하실 것입니다.

---

[3] 웨인 그루뎀, 『성경핵심교리』, 799.

> 또 미리 정하신 그들을 또한 부르시고 부르신 그들을 또한 의롭다 하시고 의롭다 하신 그들을 또한 영화롭게 하셨느니라(롬 8:3).

하나님은 인간만 새롭게 하시는 것이 아니라 온 우주 만물을 새롭게 하십니다(롬 8:21). 죄는 창조 세계의 모든 영역을 오염시켰지만 그리스도께서 성취하신 구속은 그 모든 영역을 회복시킵니다.

회복된 창조 세계는 더 이상 죄도 없고 죽음도 없을 것입니다(롬 8:2; 고전 15:25-26). 더 이상 눈물도 없고 아픔도 없을 것입니다(계 7:16-17; 21:4). 이곳에는 영원한 생명 안에서 누리는 사랑과 희락과 화평만이 넘칠 것입니다(계 7:17; 21:4; 롬 14:17).

하지만 무엇보다도 천국이 천국인 이유는 그곳에 하나님이 계시기 때문입니다(계 21:3). 하나님의 복된 다스림 아래 그분의 백성들은 의와 사랑이 넘치는 천국의 삶을 살 것입니다. 하나님의 임재 가운데 그리스도의 신부는 우리를 위하여 십자가에 달리시고 부활하신 그분의 영광을 영원토록 찬송할 것입니다. 이것이 역사의 끝에 나타날 창조 세계의 완전한 구속이며, 하나님 나라의 완성입니다.

제15장

복음은 왜 그토록 좋은 소식인가[1]

    복음은 구원의 기쁜 소식이며, 하나님 나라의 기쁜 소식이며, 하나님 영광의 기쁜 소식입니다.

    구원과 하나님 나라가 기쁜 소식이라는 것은 쉽게 와 닿지만, 하나님의 영광이 기쁜 소식이라는 것은 잘 와 닿지 않을 수 있습니다.

    이 장에서는 이 주제에 대해 살펴보는 가운데 복음이 왜 그토록 좋은 소식인지에 대해 나눠 보겠습니다.

    이 땅에서 느끼는 가장 큰 기쁨은 자녀를 사랑하는 가운데 느끼는 기쁨일 것입니다. 부모에게 있어 자녀가 주는 기쁨은 세상 어떤 것으로도 바꿀 수 없는 최고의 기쁨입니다.

    하지만 이 기쁨도 영원 전부터 하나님이 그분의 유일하신 아들로부터 누리시는 기쁨과는 비교할 수 없을 것입니

---

1 이번 장의 내용은 존 파이퍼의 『하나님이 복음이다』에서 많은 영향을 받음.

다. 모든 기쁨의 근원은 성부 하나님이 성자 하나님으로 인해 누리시는 기쁨입니다.

복음은 궁극적으로 하나님을 아는 자들이 성부 하나님이 성자 하나님으로 인해 누리시는 그 기쁨을 영원히 누리게 된다는 것입니다. 다른 말로 하면 하나님을 아는 자들은 무한한 기쁨을 주는 존재를, 무한히 이해하며 사랑하는 기쁨을 영원히 누리게 된다는 것입니다.

> 내가 아버지의 이름을 그들에게 알게 하였고 또 알게 하리니 **이는 나를 사랑하신 사랑이 그들 안에 있고** 나도 그들 안에 있게 하려 함이니이다(요 17:26).

이 놀라운 말씀은 그리스도께서 잡히시기 전 날, 하나님 아버지께 드린 기도의 마지막 구절입니다. 이 기도에서 그리스도께서는 믿는 자들로 하나님을 알게 하는 궁극적인 목적이 하나님이 그리스도를 사랑하시는 그 사랑이 그들 안에 있게 하기 위함이라고 말씀하십니다.

요한복음 17장 26절에서, 예수님은 놀라운 기도를 마치시면서 그분의 아버지께 이렇게 아뢰셨다. "내가 아버지의 이름을 그들에게 알게 하였고 또 알게 하리니, 이는 나를 사랑하신 사랑이 그들 안에 있고 나도 그들 안에 있게 하려 함이니이다." 하나님이 아들에게 주신 사랑이 우리 안에도 있게 될 것이다. 다시 말해, 우리 안에 있게 될 아들에 대한 사랑은 아들에 대한 아버지의 사랑일 것이다. 우리는 단지 우리의 하찮은 사랑의 능력으로 아들을 사랑하지는 않을 것이다. 오히려 아들에 대한 우리의 사랑은 아버지와 아들 사이의 신적인 사랑으로 가득할 것이다. 그러므로 요한복음 17장 26절에서, 우리는 예수님이 하나님을 알리신 것이 아들에 대한 하나님의 기쁨이 우리 안에도 있게 하고 그리스도를 기뻐하는 우리의 기쁨이 되게 하기 위해서라는 것을 깨달아야 한다.[2]

하나님의 은혜를 받은 자들은 성령 안에서 복음을 통해 그리스도의 영광을 보게 됩니다. 이때부터 이들은 그리스도를 존귀하게 여기며, 그분을 사랑하기 시작합니다.

사랑하면 닮아 가므로 이들은 그리스도를 닮아 가기 시작합니다. 그분을 닮아 갈수록, 그분과 공유 되는 모습들이 많아질수록, 그리스도에 대한 감탄과 경이는 더욱 커져 갑니다. 그분을 더욱 이해하게 됨에 따라 그리스도께서 얼마나 존귀하시며, 은혜로우시며, 강하시며, 지혜로우시며, 기쁨으로 충만하신 분이신지 깨닫게 됩니다. 그렇게 그리스

---

[2] 존 파이퍼, 『하나님이 복음이다』, 120-121.

도를 더욱 사랑하게 됩니다.

이 선순환은 무한히 탁월해지고 아름다워지며 기쁨이 넘칠 것입니다. 우리는 무한하신 그리스도를 날마다 새롭게 이해하며, 새롭게 닮아 가며, 새롭게 사랑할 것입니다.

이 사랑은 점점 자라나 우리 안에서 성부 하나님이 성자 하나님을 사랑하시는 놀라운 사랑으로 완성될 것입니다. 우리는 이렇게 그리스도를 사랑하게 될 것입니다. 그리고 이 사랑 안에서 성부 하나님이 성자 하나님으로 인해 누리시는 그 영원한 기쁨을 누리게 될 것입니다.

> 주께서 생명의 길을 내게 보이시리니 주의 앞에는 충만한 기쁨이 있고 주의 오른쪽에는 영원한 즐거움이 있나이다(시 16:11).

천사가 베들레헴의 목자들에게 나타나서 그리스도의 나심을 알렸을 때, 그는 이 소식을 큰 기쁨의 좋은 소식으로 전했습니다. 천사들도 살펴보기를 원하는 이 소식(벧전 1:12)은 단지 적당한 정도로 좋은 소식이 아닙니다. 복음은 큰 기쁨의 좋은 소식입니다.

> 천사가 이르되 무서워하지 말라 보라 내가 온 백성에게 미칠 **큰 기쁨의 좋은 소식을 너희에게 전하노라**(눅 2:10).

끝맺으며

2014년 12월 19일 금요일 저녁으로 기억합니다. 그날 따라 마음속 깊은 곳에서 기도하고 싶은 충동이 억제하지 못할 정도로 일어났습니다. 몇 년 전부터 교회를 다니긴 했지만, 기도를 며칠씩 하고 싶다는 생각이 든 것은 그날이 처음이었습니다.

일을 급히 마치고 태어나서 처음으로 기도원이라는 곳에 가 보았습니다. 회사에서 멀지 않은 갈멜산기도원에 도착했을 때 예배당 밖으로 찬양이 울려 퍼지고 있었습니다.

예배당 가운데 쯤에 자리를 잡고 찬양을 불렀지만, 처음에는 별 감동도 없고 모든 것이 어색하기만 했습니다. 머리는 멍한 상태에서 입으로만 찬양을 따라 부르며 '내가 왜 여기까지 왔을까'라는 후회를 하고 있을 때, 한 가지 기억이 떠올랐습니다.

그때는 교회를 열심히 다니는 편도 아니었고 지금 생각하면 설교도 완전히 이해하지 못했지만, 어떤 젊은 목사님이 설교하실 때마다 "하나님을 만나야 해결됩니다"라고 외

쳤던 것이 생각났습니다. 하나님을 만나면 무엇이 해결된다는 것인지, 어떻게 하나님을 만날 수 있다는 것인지 명확하게 알지는 못했지만, 마음속에 이런 작은 믿음이 생겨났습니다.

'하나님을 만나면 나를 괴롭히는 문제들이 해결될 수 있지 않을까.'

그 당시 업무적으로나 관계적으로 힘든 시기를 보내고 있었습니다. 하지만 이런 문제들은 오히려 피상적인 것들이었고 그 이면에는 근본적인 문제가 있었습니다. 그것은 깊은 불만족이라고 말할 수 있는 것이었습니다.

애써서 원하는 직장에 들어왔지만 사실 일에서 거의 의미를 발견하지 못했고, 퇴근 이후의 삶도 무료하게 느껴졌습니다. 시간과 물질적인 여유를 누리며 평소에 하고 싶었던 취미생활도 했지만 이런 것이 만족을 가져다 주지는 못했습니다.

가슴에 큰 구멍이 뚫려 있는 것처럼 공허했으며, 무엇을 해도 근원적인 무언가가 채워지지 않는 상태가 지속되었습니다. 저는 어딘가가 너무나 가려웠지만, 그곳이 어딘지 몰라 엄한 곳을 마구 긁어대고 있는 사람 같았습니다.

이런 불만족과 공허감은 삶의 의미를 발견하지 못하고 있는 자아로부터 흘러 넘치고 있었습니다. 삶은 큰 바위를 산꼭대기까지 올리고 나면 다시 바위가 땅으로 떨어져 버려 영원히 산꼭대기로 바위를 올리는 일을 반복해야 하는 시지프스의 형벌처럼 느껴졌습니다.

어린 시절부터 스스로 목표를 정하고 그 목표를 달성하면 새로운 목표를 달성하기 위해 노력하며 살아 왔지만, 이 모든 일이 궁극적으로 어떤 의미가 있는지에 대한 질문은 마음속 깊은 곳에 묻어두고 있었습니다. 이것이 저의 근본적인 문제였습니다.

찬양이 끝나고 설교가 시작되었습니다. 설교를 완벽하게 이해하지 못했지만, 말씀을 듣는데 마음속에 이런 생각이 들었습니다.

'하나님을 만나기 위해서는 내 인생을 예수 그리스도께 드려야겠구나. 다른 길은 없구나.'

그전에도 예수님을 믿는다고 고백했었지만, 그분을 믿는다는 것이 처음으로 그분께 인생을 드리는 것이라는 의미로 받아들여졌습니다. 예수님을 믿는다는 것은 결국에는 그분께 인생을 드리는 것이고, 인생을 드린다는 것은 그분이 어떤 말씀을 하시든지 조건 없이 따르는 것으로 이해되었습니다. 극단적으로 말해서 예수님이 다 내려놓고 당장 아프리카 선교사로 떠나라고 하신다면 그렇게 해야 되는 것이었습니다.

다른 때 같았으면 대충 기도를 마무리할 수 있었겠지만, 그때는 기도를 적당히 마칠 수가 없었습니다. 내 마음의 중심을 보시고 모든 것을 아시는 하나님을 속일 수 없었기 때문입니다. 하나님께 당당한 다짐을 드릴 수도, 그 자리를 피해 가버릴 수도 없는 시간이 계속되었습니다. 저는 전능자에게 사로잡힌 짐승처럼 그 자리를 배회하고 있었습니다.

하나님을 만나고 싶은 생각이 간절해질수록 예수님을 따르는 대가의 무거움도 더욱 와 닿았습니다. 이 길이 유일한 생명의 길이라는 영적 감각이 날카로워질수록, 이 길이 얼마나 척박하고 험악한 길인지에 대해서도 더욱 분명해지는 것 같았습니다. 이 생명의 길 앞에서 사자들이 울부짖고 있는 것처럼 느껴졌습니다.

저는 번지 점프에 대해 막연히 상상만 하고 있다가 처음으로 번지 점프대 위에 올라가서 아찔한 광경을 보고 한참을 머뭇거리고 있는 사람 같았습니다.

그때부터 새벽이 밝아올 때까지 기도하는 가운데 고통스러운 씨름이 이어졌습니다. 하지만 이 씨름은 혼자 하는 씨름이 아니었습니다. 제 마음속에 기도하고 싶은 열망을 일으키신 분께서 돕고 계셨습니다.

찬양과 기도를 하며 몇 시간이 지났는지 알지 못하는 가운데, 저에게 경이로운 일이 일어났음을 알게 되었습니다. 제 영혼은 말할 수 없는 감격과 두려움 가운데 하나님의 영광을 바라보고 있었습니다. 이것은 마치 맹인이 눈을 뜨는 것과 같았습니다. 이전에는 흐릿하게 보았던 하나님의 영광에 대해 영혼이 밝은 빛 가운데 눈을 뜬 것입니다. 아래의 글은 그때의 감격을 적어 본 것입니다.

> 지금까지 한 번도 경험해보거나 느껴 보지 못한 일이다. 영혼은 그분을 경이롭게 바라보고 있었고, 육체는 두려움으로 떨고 있었다. 거룩하신 한 존재에 대한 저항할 수 없는 반응이었다.
>
> 없었던 감각이 갑자기 생겨난 것처럼 영혼은 영원 전부터 살아계신 존재를 감지하고 있었고, 육체는 그렇게 만들어진 것처럼 그분의 임재 앞에 엎드려졌다.
>
> 이마는 그대로 바닥에 붙었고, 입은 저절로 죄를 토해 내고 있었다. 시작이 없는 생명, 더 밝을 수 없는 빛, 힘이 넘치는 기쁨의 함성 안에서 온몸은 폭포수 아래 있는 것 같았다.

제가 그분의 형체를 눈으로 보았다거나 그분의 음성을 귀로 들었다는 것이 아닙니다. 말로 설명하기 어렵지만 영혼이 어느 순간부터 부활하신 주님의 임재를 큰 전율과 감격 가운데 느끼고 있었다는 것입니다.

영광스럽게 완성된 기쁨과 내 죄에 대한 참을 수 없는 비통함 가운데 존귀와 위엄이 가득하신 살아 계신 하나님, 예수 그리스도를 뵈었습니다.

저는 엎드려져서 한참을 울었습니다. 그때 제 영혼의 깊은 요구들이 만족되었습니다. 저는 무엇인가를 간절히 원하고 있었는데 그것이 무엇인지조차 알지 못하는 사람이었습니다.

하지만 부활하신 예수 그리스도의 임재 앞에 엎드려졌을 때 분명히 알았습니다. 제가 간절히 원해왔던 것은 오직 살아 계신 하나님, 예수 그리스도셨습니다.

언젠가 감추어진 모든 것이 밝히 알려질 때가 올 것입니다. 그리스도께서는 이천 년 전에 십자가 못 박혀 죽은 어떤 선동가가 아니라, 삼 일 후에 부활하셔서 지금도 우리 가운데 역사하시는 살아 계신 하나님이십니다.

참고 문헌

저서

김세윤.『구원이란 무엇인가』서울: 두란노서원, 2001.

김세윤, 김회권, 정현구.『하나님나라 복음』서울: 새물결플러스, 2013.

김종희, 김병오, 김주영 편집.『바이블아카데미』(구약) 한국미디어선교회, 2012.

_____.『바이블아카데미』(신약) 한국미디어선교회, 2012.

박영돈.『톰 라이트 칭의론 다시 읽기』서울: IVP, 2016.

이재철.『새신자반』서울: 홍성사, 1994.

역서

고든 웬함.『창세기(상), (하)』(*World biblical commentary. volume 1: Genesis 1-15*), 박영호 역. 서울: 솔로몬, 2013.

그래함 골즈워디.『복음과 하나님의 계획』(*According to plan*), 김영철 역. 서울: 성서유니온선교회, 1994.

_____.『복음과 하나님의 나라』(*Gospel and Kingdom*), 김영철 역. 서울: 성서유니온선교회, 1988.

더글라스 무.『NICNT로마서』(*The epistle to the romans*) 손주철 역. 서울: 솔로몬, 2011.

루이스 벌코프.『벌코프 조직신학』(*Systematic theology*), 권수경 역. 파주: CH북스, 2001.

리 스트로벨.『예수는 역사다』(*The case for Christ*), 윤광희, 박중렬 역. 서울: 두란노서원, 2002.

릭 워렌. 『목적이 이끄는 삶』(*The Purpose Driven Life*), 고성삼 역. 서울: 디모데, 2003.

마이클 S. 호튼 등. 『칭의 논쟁』(*Justification Five Views*), 문현인 역. 서울: 새물결플러스, 2015.

마틴 로이드 존스. 『복음의 핵심』(*The heart of the gospel*), 이중수 역. 서울: 목회자료사, 1992.

알버트 월터스. 『창조, 타락, 구속』(*Creation regained : biblical basics for a reformational worldview*), 양성만 역. 서울: IVP, 1992.

알리스터 맥그래스. 『기독교 변증』(*Mere Apologetics*), 전의우 역. 서울: 국제제자훈련원, 2014.

웨인 그루뎀. 『성경핵심교리』(*Bible Doctrine*), 박재은 역. 서울: CLC, 2004.

조나단 에드워즈. 『구속사』(*A History of the Work of Redemption*), 김귀탁 역. 서울: 부흥과개혁사, 2007.

_____. 『영적 감정을 분별하라』(*The Experience That Counts*), 김창영 역. 서울: 부흥과개혁사, 2016.

_____. 『의지의 자유』(*Freedom of the Will*), 김찬영 역. 서울: 부흥과개혁사, 2016.

조나단 에드워즈, 존 파이퍼. 『하나님의 영광을 위한 하나님의 열심』(*God's passion for his glory*), 백금산 역. 서울: 부흥과개혁사, 2003.

존 스토트. 『그리스도의 십자가』(*The cross of Christ*), 황영철 역. 서울: IVP, 1988.

_____. 『기독교의 기본 진리』(*Basic Christianity*), 황을호 역. 서울: 생명의 말씀사, 1962.

_____. 『복음전도』(*Our guilty silence : The church, the gospel and the world*), 김성녀 역. 서울: IVP, 2001.

존 오웬. 『그리스도의 영광』(*Glory of Christ*), 서문강 역. 서울: 지평서원, 1996.

존 칼빈. 『기독교 강요』(*Institutio Christianae Religionis*), 문병호 역. 서울: 생명의말씀사, 2020.

존 파이퍼. 『거듭남』(*Finally alive*), 전의우 역. 서울: 두란노서원, 2009.

_____. 『독트린 매터스』(*Doctrine matters : ten theological trade marks from a life time of preaching*), 오현미 역. 서울: 복있는 사람, 2014.

_____. 『복음과 하나님의 의』(*Romans. 1*), 주지현 역. 서울: 좋은 씨앗, 2014.

_____. 『성경과 하나님의 영광』(*A peculiar Glory*), 윤종석 역. 서울: 두란노서원, 2016.

_____. 『예수님이 복음입니다』(*Seeing and Savoring Jesus Christ*), 송용자 역. 서울: 부흥과개혁사, 2008.

_____. 『초자연적 성경 읽기』(*Reading the Bible Supernaturally*), 홍종락 역. 서울: 두란노서원, 2017.

_____. 『칭의 논쟁』(*The Future of Justification*), 신호섭 역. 서울: 부흥과개혁사, 2009.

_____. 『하나님이 복음이다』(*God is the gospel*), 전의우 역. 서울: IVP, 2006.

_____. 『하나님은 의로우신가』(*The Justification of God*), 김귀탁 역. 서울: 지평서원, 2014.

_____. 『하나님을 기뻐하라』(*Desiring God*), 박대영 역. 서울: 생명의말씀사, 1998.

제임스 패커. 『복음전도란 무엇인가』(*Evangelism & the sovereignty of God*), 조계광 역. 서울: 생명의 말씀사, 1977.

_____. 『하나님을 아는 지식』(*Knowing God*), 정옥배 역. 서울: IVP, 1996.

크로스웨이 ESV 스터디 바이블 편찬팀. 『ESV 스터디 바이블』(*ESV STUDY BIBLE*), 신지철, 김귀탁, 이용중 역. 서울: 부흥과개혁사, 2014.

크레이그 바르톨로뮤, 마이클 고힌. 『성경은 드라마다』(*Drama of Scripture, The Finding Our Place in the Biblical Story*), 김명희 역. 서울: IVP, 2009.

토마스 슈라이더. 『언약으로 성경 읽기』(*Covenant and God's Purpose for the World*), 임요한 역. 서울: CLC, 2020.

톰 라이트. 『마침내 드러난 하나님 나라』(*Suprised by hope*), 양혜원 역. 서울: IVP, 2009.

_____. 『이것이 복음이다』(*Simply Good News*), 백지윤 역. 서울: IVP, 2017.

_____. 『칭의를 말하다』(*Justification: God's Plan and Paul's Vision*), 최현만 역. 서울: 에클레시아북스, 2011.

팀 켈러. 『당신을 위한 로마서 I』(*Romans 1-7 For You*), 김건우 역. 서울: 두란노서원, 2014.

_____. 『당신을 위한 로마서 II』(*Romans 8-16 For You*), 김건우 역. 서울: 두란노서원, 2015.

_____. 『설교』(*Preaching*), 채경락 역. 서울: 두란노서원, 2016.

_____. 『일과 영성』(*Every good endeavor : connecting your work to God's work*), 최종훈 역. 서울: 두란노서원, 2013.

_____. 『센터처치』(*Center Church*), 오종향 역. 서울: 두란노서원, 2016.

_____. 『탕부 하나님』(*The Prodigal God*), 윤종석 역. 서울: 두란노서원, 2016.

_____. 『하나님을 말하다』(*The Reason for God*), 최종훈 역. 서울: 두란노서원, 2017.

팀 켈러, 존 파이퍼 외. 『천국 묵상』(*Coming Home*), 서경의 역. 서울: 국제제자훈련원, 2018.

폴 워셔. 『복음』(*The Gospel's power and message*), 조계광 역 서울: 생명의말씀사, 2013.

_____. 『예수께서 선포하신 그 복음』(*The Gospel of Jesus Christ*), 황을호 역. 서울: 생명의 말씀사, 2017.

헤르만 리델보스. 『마태복음(상), (하)』(*Matthew's Witness to Jesus Christ*) 오광만 역. 여수룬, 1990.

A.W. 토저. 『하나님을 바로 알자』(*The Holy*), 전의우 역. 서울: 생명의 말씀사, 1983.

C.S. 루이스. 『순전한 기독교』(*Mere Christianity*), 장경철 외 역. 서울: 홍성사, 2001.

_____. 『영광의 무게』(*The Weight of Glory*), 홍종막 역. 서울: 홍성사 2008.

D.A. 카슨. 『요한복음』(*The Gospel According To John*), 박문재 역. 서울: 솔로몬, 2017.

_____. 『하나님의 사랑』(*The Difficult Doctrine of the Love of God*), 황영광 역. 서울: 죠이선교회, 2019.

D.A.카슨, 팀 켈러 편집. 『복음이 핵심이다』(*The Gospel as Center*), 최요한 역. 서울: 아가페, 2014.

R.C. 스프롤. 『하나님의 거룩하심』(*The holiness of God*), 조계광 역. 서울: 지평서원, 2013.